갈등
해결
수업

갈등 해결 수업

제1판 제1쇄 발행일 2021년 10월 29일

글 _ 정주진
기획 _ 책도둑(박정훈, 박정식, 김민호)
디자인 _ 채홍디자인
펴낸이 _ 김은지
펴낸곳 _ 철수와영희
등록번호 _ 제319-2005-42호
주소 _ 서울시 마포구 월드컵로 65, 302호(망원동, 양경회관)
전화 _ 02) 332-0815
팩스 _ 02) 6003-1958
전자우편 _ chulsu815@hanmail.net

ISBN 979-11-88215-64-5 03190

철수와영희 출판사는 '어린이' 철수와 영희, '어른' 철수와 영희에게
도움 되는 책을 펴내기 위해 노력합니다.

갈등 해결 수업

갈등에 대응하는 법,
갈등을 해결하는 법

정주진 글

철수와영희

머리말

삶과 관계를 파괴하지 않는
갈등 대응과 해결

갈등을 겪지 않고 사는 사람은 없다. 삶은 갈등의 역사라 해도 과언이 아니다. 규모와 정도의 차이는 있지만 우리는 가족, 친구, 배우자, 연인, 동료, 상사, 이웃 사람, 선배, 후배 등과 갈등을 겪으며 산다. 이렇게 다양한 갈등을 겪다 보면 갈등에 대한 지식이 쌓이고 그만큼 다양한 대응 방법을 찾을 수 있어야 한다. 하지만 그런 사람을 찾는 건 쉽지 않다. 왜 그럴까?

가장 큰 이유는 많은 사람이 갈등을 마주하는 걸 힘들어하면서도 이상한 일로 생각하지는 않기 때문이다. 친구도, 이웃 사람도, 유명한 연예인도, 대단한 자산가도 갈등을 겪는다는 걸 안다. 갈등의 보편성을 인식하고 있다. 그래서인지 갈등을 삶을 좀 힘들게 만들지만 치명적이지는 않은 일로 생각한다. 공기 중에 떠

돌다 어느 순간 내 몸에 비집고 들어오는 독감 바이러스처럼 말이다. 운이 없어서 닥치는 문제라고도 생각한다. 그래서 굳이 갈등에 대한 지식을 쌓아야 한다고 생각하지 않는다. 사실은 갈등에 대한 전문적 연구나 바람직한 대응 방식, 해결을 위한 지식이 있으리라 생각하지 못한다.

또 다른 이유는 항상 자기 방식으로 갈등에 대응하기 때문이다. 말싸움이든, 비난이든, 소통과 관계의 단절이든, 자기에게 가장 편하고 익숙한 방식에 의존한다. 그런 방식이 상대를 불필요하게 자극하고, 관계를 파탄 직전으로 내몰고, 주변 사람들을 힘들게 만들어도 그게 자기 방식이니 어쩔 수 없다고 생각한다. 자신의 말과 행동을 바꿔보고, 상대에 대한 이해를 높여보고, 대화를 시도해보면서 평소와 다른 방식을 찾으려고 노력하지 않는다. 그러니 비슷한 식의 대응을 벗어나지 못하고 아무런 변화 없이 갈등을 반복해서 겪게 된다.

갈등은 보편적이다. 모든 사람, 집단, 사회가 갈등을 겪는다. 하지만 갈등에 대한 지식을 쌓고 새로운 대응 방법을 찾으려고 노력하는 사람, 집단, 사회는 갈등의 부정적 영향을 적게 받는다. 갈등을 통해 실제 변화를 만들어내며, 설사 변화를 만들어내지 못한다 해도 갈등이 자기 삶과 공동체를 파괴하게 내버려두지는 않는다. 갈등과 관련해서는 '아는 게 힘이다'라는 말이 딱 들어맞는다.

내가 전공했고 관심을 가져온 분야는 사실 사회갈등이다. 하지만 다양한 사람들을 만나고 강의를 하면서 깨달은 건 평범한 사람들이 가장 관심을 갖는, 그리고 가장 힘들어하는 건 일상에서 겪는 갈등이라는 점이었다. 집단이나 사회가 직면한 굵직하고 심각한 갈등보다 배우자, 가족, 동료, 친구와의 갈등이 일상을 더 불안하고 불편하게 만들기 때문이다. 그런 필요를 알고 사회갈등을 다루는 강의에서 개인 사이의 갈등과 조직이나 집단 안에서 일어나는 갈등을 함께 다루는 시도를 했다. 하지만 그것만으로는 부족했다. 결국 일상에서 마주하는 갈등에 대한 이해를 넓히고 바람직한 대응 방법과 해결 방법을 찾을 수 있도록 도움을 주는 책이 필요하다고 생각했다. 그것이 이 책을 쓰게 된 가장 큰 동기다.

다른 중요한 동기도 있다. 나의 관심사는 여전히 사회갈등이고 우리 사회가 이런저런 갈등에 잘 대응하고 갈등을 해결하는 역량을 키우기를 바란다. 불가피하게 발생하는 다양한 사회갈등을 과감하게 수용하고 갈등의 해결을 통해 변화를 이뤄내는 사회가 되기를 바란다. 감정적인 비난과 싸움이 아니라 냉정한 비판과 대화로 사회갈등의 근본적 원인을 탐색하고 대화를 통해 해결에 도달할 수 있기를 바란다. 그렇게 되려면 사회 전체의 역량을 키워야 하는데 결국 사회 구성원 각자의 역량을 키워야 사회의 역량도 키울 수 있다. 다양한 곳에서 살아가는 사회 구성원들이 각자 자신의 삶에서 갈등을 잘 해결하는 경험을 쌓아야 사회갈등에도 잘 대응하고 새로운 방식으로 접근할 수 있다. 이 책을 읽는 독자들이 그런 역량을 조금이라도 키우기를 바라는 마음이 간절하다.

이 책은 갈등을 제대로 이해하고 잘 해결하기 위해 알아야 할 기본적인 것들을 담고 있다. 삶과 관계를 파괴하지 않는 대응 방법과 해결 방법에 대한 설명과 제안을 담고 있다. 갈등 상대와 소통하고 대화하기 위해 필요한 자잘한 것들까지 제시하고 있다. 사람 사이에서 생기는 문제인 갈등을 이해하고 대응하기 위해서, 그리고 사람에게 다가가기 위해서 꼭 필요한 것들이기 때문이다. 결국 사람의 마음이 움직여야 대화가 되고 해결의 가능성이 생기며, 그러기 위해서는 자잘한 것까지 놓치지 않는 세밀함이 필요하다.

이 책을 통해 얻은 갈등에 대한 정보, 그리고 갈등을 해결하는 방법은 지식으로 저장하는 데 그치는 것이 아니라 현실에 적용할 때 의미가 있다. 갈등의 정의와 원인, 갈등을 분석하는 방법, 소통하고 대화하는 방법 등은 모두 갈등에 대응하고 갈등을 해결하기 위해 필요한 것이다. 이 책이 담고 있는 내용은 잡학 지식이 아니라 전 세계적으로 통용되는 갈등해결 연구에 기반한 것이고, 전 세계 갈등해결 현장에서 일반적으로 적용되는 것이다. 갈등은 현실의 문제이고 사람 사이의 문제이기 때문에 해결법과 접근법에 대한 전문적 연구는 소통과 대화의 기술(skill)까지 포함하고 있다. 그러니 갈등해결 분야에서 수십 년 동안 연구되고 적용되어온 것을 신뢰하고 현실의 갈등에 적용해보기를 바란다. 나아가 크고 작은 대립과 갈등에 직면했을 때 연습해보기를 바란다. 연습과 훈련 없이는 갈등에 대한 대응 방식과 해결 방식을 바꿀 수 없다.

이 책의 설명과 제안이 모든 갈등에 그대로 적용되는 건 아니다. 이 책에 있는 내용은 원칙이나 기준과 같은 것이다. 자신의 갈등을 이해하고 해결하기 위해 그런 보편적 내용을 어떻게 변주하고 수정할 것인지는 독자 각자에게 달렸다. 갈등은 큰 틀에서는 같지만 하나하나의 갈등은 그것만의 특징을 가지고 있다. 사람의 문제이기 때문이고 대응하는 사람이 다르기 때문이다. 그렇지만 갈등이라는 공통점이 있으니 이 책이 독자 각자에게 '특별한' 갈등을 이해하고 해결을 시도하는 데도 도움이 될 것이라 믿는다.

나는 20년 이상 갈등해결 분야에서 공부하고 연구했다. 그럼에도 여전히 갈등에 직면할 때마다, 그리고 갈등을 볼 때마다 대응 방법과 해결 방법에 대한 고민과 성찰을 반복한다. 갈등은 삶에서 시시때때로 생기는 평범하고 보편적인 문제지만 모든 갈등에 무조건 적용될 수 있는 공식이나 만능 양념 같은 건 없다. 어떻게 대응하는 것이 바람직한지 얼마나 고민하느냐에 따라 자기가 겪는 갈등의 경로와 영향을 다르게 만들 수 있다. 물론 해결 여부도 달라지게 할 수 있다. 이 책이 그런 노력에 조금이나마 도움이 되기를 간절히 바란다.

갈등해결 연구는 여전히 우리 사회에서 생소하고 갈등해결에 대한 사회 구성원들의 인식도 높지 않다. 갈등이나 갈등해결에 대한 책도 많지 않다. 독자에게 친숙하지 않은 주제로 책을 내는 건 항상 모험과 같은 일이다. 그럼에도 불구하고 책을 낼 수 있게 해준 철수와영희 출판사에 진심으로 감사드린다.

2021년 10월

일산에서 정주진

차례

6장 갈등해결, 어떻게 단계적으로 실행할까?

7장 갈등은 꼭 해결해야 할까?

갈등이란 무엇인가?

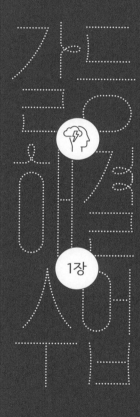

1장

갈등이 있어요!

갈등은 무엇인가? 갈등은 왜 생기나? 어떻게 해결할 수 있나?
갈등해결에 대한 강의에서는 주로 이런 기본적인 질문들에 대
한 답을 다룬다. 그런데 여러 해 동안 강의를 한 후 깨달은 것이
있다. 그것은 사람들이 보통 말하는 갈등은 갈등 연구에서 말하
는 갈등과 다른 경우가 많다는 것이다. 갈등의 정의와 사례까지
설명한 후 물어보면, 주변 사람과의 '속 터지는' 불협화음이나
생각의 차이에서 비롯된 '감정싸움' 같은 것을 갈등 사례로 내놓
곤 한다. 자기 안의 번민과 걱정이 가장 힘든 갈등이라고 말하기
도 한다.

"팀장이 대부분의 일을 일방적으로 결정하고 때로는 이미 결정된 일을 뒤집기도 해요. 일하기가 힘들고 짜증이 나요. 이젠 팀장 얼굴도 보기 싫어요."

"오랫동안 친분을 쌓아온 사람이라 신뢰가 있었는데 나와 싸운 사람을 두둔하는 말을 하는 거예요. 내가 입은 상처에는 관심이 없는 것 같았어요. 시시콜콜 얘기하기 싫어서 말은 안 했지만, 그래서 신뢰가 깨졌고 이제 그 사람에게 내가 먼저 연락해 만나지는 않아요."

"이전에 같은 팀에서 일하면서 좋은 관계를 맺었던 동료를 새로운 업무로 다시 만나게 됐어요. 그 동료는 업무에 적응하느라 일이 더딘 내게 비협조적이라며 마치 내가 게으름을 피우는 것처럼 말했어요. 내 상황을 설명했지만, 핑계로 받아들이는 것 같았어요. 그런 일이 반복됐고 이젠 서먹한 사이가 됐어요."

"일을 제대로 가르쳐주지도 않으면서 못한다고 화를 내는 선배가 있어요. 잘 가르쳐달라고 해봤는데 면박만 당했죠. 그 후로 불가피한 경우를 제외하고는 되도록 마주치지 않으려고 피해 다녀요."

"집안 산소 벌초에 동생 부부는 늘 이런저런 핑계를 대면서 빠져요. 설득도 해보고 좀 세게 말도 해봤지만 소용없었어요. 말하는 것도 지쳤고 핑계도 듣기 싫어서 거의 포기했어요. 하지만 명절 때가 되면 같은 일이 반복되고 냉랭한 분위기가 되곤 하죠."

누구나 한 번쯤 겪어봤을 일, 그리고 주변에서 들어봤을 법한 얘기다. 많은 사람이 이런 일을 갈등으로 여긴다. 왜일까? 첫 번째 이유는 관계가 어긋났다고 생각하기 때문이고, 두 번째 이유는 불편하기 때문이다. 세 번째 이유는 비정상적인 상황이라 생각하기 때문이다. 이것이 핵심이다. 사람들은 평범하고 일상적인 기준에서 벗어난 상황이 생기고 그로 인해 누군가와 관계가 서먹해지거나 은근히 피하게 되는 상황을 갈등이라 생각한다. 이런 생각에 따르면 앞에서 얘기한 상황들은 모두 갈등이라 봐도 무방하다.

　갈등은 한자로 葛藤이다. 칡과 등나무라는 뜻이다. 갈등은 칡과 등나무가 서로 복잡하게 얽혀 있는 것처럼 개인이나 집단 사이에 서로 다른 이해관계나 생각이 얽혀 있을 때 생긴다. 국어사전은 개인이나 집단 사이에 처지나 이해관계가 서로 달라 대립하고 충돌하는 상황을 갈등으로 설명하고 있다. 한자나 국어사전의 설명에 비춰보면 앞의 사례들은 분명 갈등인 것 같다. 그런데 한 가지 짚고 넘어가야 할 것이 있다. '서로'라는 조건이 충족되느냐다. 그래야 대립과 충돌이 생기고, 그래야 갈등인데 말이다.

　앞서 제시한 사례들의 공통점은 한쪽은 문제라고 생각하고 불편함을 느끼는데 다른 쪽도 그런지는 분명하지 않다는 것이다. 갈등이 되려면 상대도 비슷하게 문제라고 생각하고 불편함을 느껴야 한다. 그리고 그로 인해 낮은 수준이든 높은 수준이든 '대립과 충돌'이 생겨야 한다.

그래서 가끔은 물어보기도 한다. "문제라고 생각한 것과 불편함을 상대에게 얘기했나요? 상대도 비슷하게 생각하고 느끼고 있나요?" 대답은 대체로 "아니요" 또는 "모르겠어요" 둘 중 하나다. 이런 상황이라면 갈등일 수도 있고 아닐 수도 있다. 상대도 같은 생각과 감정을 갖고 있는데 표현하지 않고 있다면 갈등은 표출만을 남겨둔 상태다. 상대가 자신과는 다르게 전혀 문제가 있다고 생각하지 않고 감정적으로도 불편함을 느끼지 않고 있다면 갈등이 아니다. 이제 남은 선택은 두 가지다. 갈등을 만들 것이냐, 아니면 혼자 고민하고 판단해서 상황을 정리할 것이냐.

갈등, 나쁜 걸까?

갈등에 대한 인상은 대체로 부정적이다. 어떤 사람들은 갈등을 마치 병처럼 삶에 절대 도움이 안 되는, 그래서 되도록 없어야 하는 것으로 생각한다. 갈등이 생길 때 동반되는 불편한 감정, 관계의 어긋남, 심리적 압박, 신체적·정신적 에너지 소모 등을 따져보면 그렇게 생각할 수 있다.

그런데 이론적으로 불필요한 갈등을 제외하고는 갈등은 결코 나쁜 것이 아니다. 갈등은 변화가 필요한 상황에서 생긴다. 물론 그 변화가 한쪽은 원하고 다른 쪽은 원하지 않는 것일 수도 있다. 그러나 객관적으로 따졌을 때 그 변화는 같이 살고 일하는 사람들 사이에 건강한 관계를 만들고, 나아가 공존하기 위해서 반드시 필요한 것이다. 설사 변화에 관심이 없다 해도, 어느 한쪽이라도 불만과 불편함을 느낀다면 함께 일할 수도 살 수도 없다. 이런 상황에서는 갈등이 생길 수밖에 없고 결국 갈등으로 인해 변화의 기회가 생긴다.

현실적으로도 갈등은 결코 부정적인 것이 아니다. 갈등은 아무 문제도 없는 상황에서는 생기지 않는다. 대다수가 갈등을 부정적인 것으로 인식하며, 따라서 아무런 이유 없이 갈등을 만드는 위험을 감수하지는 않는다. 문제가 제기되고 갈등이 생긴다는 건 그만큼 갈등이 생길 수밖에 없는 상황이라는 의미다. 누구든 자신에게 불리하고 불편한 상황을 변화시키고 싶은 욕구가 있다. 그런 욕구를 억압당하는 상황에서는 안정감이나 행복감을 느낄 수 없다. 그래서 갈등은 삶의 기본적인 욕구를 충족하기 위한 불가피한 선택인 경우가 많다. 그런 갈등은 변화의 기회가 되기 때문에 나쁜 것으로 여길 이유가 없다.

문제는 갈등이 정말 변화의 기회가 되느냐다. 이 점에 대해 의문을 제기하는 사람들이 많다. 주변에서 그런 상황을 본 적이 거의 없기 때문일 것이다. 갈등과 관련된 이미지는 대부분 부정적이다. 말싸움, 기 싸움, 감정적 상처, 관계의 파괴, 심지어 물리적 충돌과 주변에 대한 부정적 영향 등이 그렇다. 이런 갈등이 변화의 기회가 된다니 이해하지 못할 말이고 그냥 이론일 뿐이라고 생각할 수 있다. 어느 정도는 사실이다. 갈등은 이론적으로 절대 부정적인 것이 아니고 오히려 필요한 것이지만 그렇다고 갈등이 반드시 그리고 항상 변화를 가져오는 것은 아니다. 갈등은 잘 만들어지고 전개되고 해결될 때 변화를 가져온다.

그렇다면 누구나 변화가 절실히 필요할 때 갈등을 만들 수 있을까? 반드시 그렇지는 않다. 앞에서 얘기한 사례 중에는 힘의 차이에서 비롯된 부당한 관계나 처우가 문제의 원인인 경우가 있다. 만일 나이나 직위에서 비롯된 힘의 차이가 크다면 갈등이 잘 만들어지지 않는다. 상대적으로 힘이 적은 사람은 상대의 힘에 눌려 문제를 제기하지 않고, 힘이 더 있는 사람은 설사 상대의 불편함이나 어려움을 알아도 모른 체할 가능성이 크기 때문이다. 이런 상황에서는 상대적 약자의 태도와 행동이 갈등의 발생을 좌우한다. 상대적 약자는 먼저 문제를 제기할 것인지, 그래서 갈등이 생기더라도 그것을 감수할 것인지 결정해야 한다. 그에 앞서 갈등을 만들고 대면할 준비가 되어 있는지 스스로 진단해야 한다.

별 준비 없이 문제를 제기하고 그에 따라 상대가 불편함을 느끼고 그래서 자연스럽게 갈등이 생길 수도 있다. 그런데 상대가 문제를 제기하는 사람의 불편함이나 절박함을 알지 못하고, 특히 그런 문제 제기를 무시해도 된다고 생각하면 갈등은 생기지 않는다. 그럴 때 문제 제기는 변화의 가능성이 되지 못하고 그저 관계를 깨거나 악화시키는 일회성 '반항'이나 '감정 폭발' 정도로 취급될 수 있다. 그러니 특히 힘의 차이가 클 때는 갈등을 만들 수 있는 조건인지, 별도로 조건을 만들어야 하는지를 먼저 따져 봐야 한다.

그렇다면 힘의 차이가 거의 없어서 갈등을 만드는 데 별다른 장애물이 없을 때는 어떻게 해야 할까? 앞서 얘기한 사례들의 공통점은 상대에게 자신의 감정과 불편함을 표현하지 않고 혼자서 고민한다는 것이다. 갈등을 만들기 위해서는 무엇보다 먼저 자신의 생각과 감정을 솔직히 표현할 것인지를 결정해야 한다. 하지만 솔직히 표현하더라도 갈등은 생길 수도, 생기지 않을 수도 있다. 그러므로 또 준비해야 할 것은 상대가 문제 제기를 인정하지 않을 때 어떻게 대응할 것인지다.

모든 준비가 됐어도 갈등을 만드는 게 최선의 선택이 아닐 수도 있다. 대응할 능력이 없거나 상대와 자신 사이에 최소한의 신뢰도 없는 경우가 그렇다. 그런 경우 갈등을 만들지 않고, 또는 전면적인 갈등이 생기는 것을 막기 위해 조심스럽게 문제를 제기하거나 낮은 수준의 긴장 관계만 만들고 문제를 해결하는 것이 가장 좋은 선택이다. 그러기 위해서는 상대에 대한 비난이 아니라 자신의 생각과 감정을 진솔하게 전달하는 데 초점을 맞춰

야 한다. 동시에 상대가 그런 표현조차 인정하지 않을 때, 그리고
불가피하게 갈등이 생겼을 때 어떻게 대응할 것인지도 생각해야
한다.

갈등 없이 살 수 있을까?

사람들은 아무 문제 없이 살기를 원한다. 그러면서 다른 한편
으론 아무 문제 없이 사는 게 불가능하다고 생각한다. 그런데도
'갈등'에 대해서는 아주 야박한 평가를 한다. 사람 사이에 생기는
이런저런 의견 대립이나 말싸움은 그냥 자연스러운 삶의 일부분
으로 생각하지만, 거기에 '갈등'이란 꼬리표를 붙이는 것은 불편
하게 생각한다. 갈등을 부정적인 것으로 인식하기 때문이다. 갈
등에 직면한 사람, 갈등 발생에 원인을 제공한 사람, 갈등에 관련
된 사람, 갈등을 빨리 끝내지 못하는 사람 등도 부정적으로 평가
한다. 그래서인지 당당하게 자신이 갈등에 직면해 있다고 말하
는 사람을 찾기 힘들다. 변화를 위해서 갈등을 만들 수 있다는 생
각도 거의 하지 않는다. 그저 갈등 없이 살 수 있기를 바랄 뿐이
다. 불가능한 일이지만 말이다.

굳이 이론을 들이대지 않더라도 갈등은 그렇게 이상한 일이
아니다. 흔히 생기는 일시적인 대립이나 말싸움이 반복적으로

일어나고 관계가 영향을 받고 있다면 이미 갈등으로 진화한 것이다. 그저 갈등을 인식하지 못하거나 인정하지 않을 뿐이다. 갈등은 항상 주변에 있고 삶에 영향을 미친다. 그러니 갈등에 과민하게 반응하는 태도를 바꾼다면 좀 더 편하게 갈등을 대할 수 있다.

갈등은 관계가 있는 사람들 사이에, 또는 어떤 일이나 문제로 새롭게 관계가 만들어진 사람들 사이에 생긴다. 집단 사이에서도 마찬가지다. 기본적으로 관계가 없으면 갈등이 생기지 않는다. 여행지에서 만난 기념품 가게 주인이나 호텔 직원과는 말싸움이 벌어질 수는 있지만 절대 갈등은 생기지 않는다. 기존의 관계가 없고 새로운 관계가 형성되지도 않기 때문이다. 그런 이유로 갈등은 함께 지내는 시간이 긴 사이에서, 그리고 오래되고 친밀한 사이에서 더 빈번하게 생긴다. 흔히 회사 동료, 친구, 대가족 구성원들, 종교집단 구성원들, 동호회 회원들 같은 사이에서 갈등이 생긴다. 관계가 만들어져 있고, 자주 만나는 사이여서 공유하는 현안이 많고, 그래서 이해관계와 이견이 얽히게 되기 때문이다. 주변 사람들의 문제와 관련해 누구 편을 드느냐 때문에 갈등이 생기기도 한다. 그러니 갈등은 일상에서의 일탈이나 비정상적인 일이 아니라 누구나 겪는 일상의 한 부분이고 오히려 자연스러운 일이다.

새롭게 등장한 정치 사회 현안 때문에 오래된 사이에서 갈등이 생기기도 한다. 근본적인 이유는 누구도 피해 갈 수 없는 세계관과 가치관의 차이 때문이다. 십여 년 전만 해도 우리 사회에서 대중적 관심사가 아니었던 인권, 청년 세대, 부동산 정책, 평화통일, 페미니즘, 미투 고발, 난민, 성소수자 같은 주제들이 이제는 일상의 주요 담론이 됐다. 그로 인해 친밀하거나 오래된 사이에서조차 말싸움이나 논쟁이 생기는 일이 잦아졌다. 서로의 차이를 받아들이지 못하는 사람들은 심각한 갈등을 겪는다. 그로 인해 오래된 관계가 어긋나고 깨지는 일까지 생긴다. 같은 이유로 집단 사이에서도 자주 갈등이 생기고 그 결과 사회갈등이 증가한다. 이런 현실은 우리가 절대 갈등에서 벗어날 수 없다는 것을 보여준다. 하지만 서로의 차이를 인정하지 못해 불필요하거나 미리 막을 수 있는 갈등에 자주 직면하는 건 바람직하지 않다. 그건 계속 등장하는 새로운 사회문제에 대한 적응력과 포용력 부족을 의미하기 때문이다.

갈등이 생긴다는 건 사람들 사이의 관계에, 그리고 그 관계에 영향을 미치는 집단, 조직, 사회의 구조나 문화에 문제가 있음을 의미한다. 또한 그들의 관계와 신뢰가 충분히 깊지 못하다는 것을 의미하기도 한다. 그런데 갈등은 양쪽의 힘이 어느 정도 비슷할 때, 다시 말해 한쪽이 다른 쪽의 저항이나 문제 제기 때문에 일방적으로 결정하고 행동할 수 없는 상황에서 생긴다. 그러니 상대적으로 약한 쪽에게는 갈등이 없는 상황보다 갈등이 생기는 상황이 훨씬 더 바람직하다. 상대적으로 강한 쪽이 자기를 무시한 채 결정하고 행동하지 못하게 됐음을 의미하기 때문이다. 불공정하고 불평등한 관계, 그리고 그런 관계를 지속시키는 구조나 문화의 문제를 찾고 바꿀 기회가 생길 수도 있으니 더욱 그렇다. 사회적 측면에서도 갈등을 통해 불공정하고 불평등한 관계가 공정하고 평등한 공존의 관계로 변할 수 있다면 아주 바람직할 것이다. 집단, 조직, 사회의 중·장기적 변화와 발전을 위해서도 마찬가지다. 다만 남는 문제는 갈등이 사람을 해치고 관계를 파괴하는 독이나 폭발물이 되지 않게 어떻게 잘 다루고 대응할 것이냐다.

갈등은 어떻게 만들어지나?

'갈등'이란 말은 많이 쓰지만, 갈등을 명료하게 설명할 수 있는 사람은 많지 않다. 그저 서로 다투거나, 사이가 좋지 않거나, 얼굴을 보는 것을 꺼리거나, 다른 사람들에게 상대를 욕하거나, 예전과 다르게 같이 뭔가 하는 것을 피하거나 하는 상황을 갈등으로 이해한다. 그런데 이 모든 상황은 갈등이 진행될 때의 모습이지 갈등의 정의는 아니다. 또 갈등인지 알려면 앞서 누차 얘기한 것처럼 이런 모습이 일방적인 인식이나 느낌인지, 쌍방의 인식과 대응인지를 따져봐야 한다. 어떤 사람은 자기가 겪고 있는 일에 '갈등' 꼬리표를 붙이는 데 부담감과 거부감을 느껴, 문제는 있지만 갈등은 아니라고 부정하기도 한다. 하지만 언어 사용을 주저할 뿐 상황에 대한 인식과 상대와의 상호작용이 있다면 갈등으로 취급할 수밖에 없다.

갈등은 간단히 설명하면 일방적인 공격이나 저항이 아니라 서로 문제를 제기하면서 대립하는 상황이다. 그러는 이유는 특정 사안이나 문제에 대한 입장이 다르기 때문이다. 입장이 다른 이유는 각자 원하는 것, 다시 말해 얻으려는 이익이 다르기 때문이다. 오랜 동료 사이인 두 사람이 상사가 지시한 일의 진행 방식을 두고 다른 입장을 보인다면 거기에는 반드시 이유가 있다. 특히 서로 얼굴을 붉히면서까지 각자의 방식을 고집한다면 그것은 단순히 생각이 달라서가 아니라 일의 진행 방식을 통해 각자 얻으려는 이익이 있기 때문일 가능성이 높다. 당장 눈앞에 보이는 물질적 이익이 아닐 수도 있다. 상사의 인정, 인사평가, 진급 등이 모두 이익이 될 수 있다. 그런데 둘 사이의 이런 긴장 관계와 맞서는 행동이 갈등이 되려면 추가되어야 할 것이 있다. 바로 상대가 나를 방해하고 있다는 인식, 다시 말해 상대 때문에 내가 원하는 것을 얻지 못한다는 생각과 그런 이유로 상대를 저지하려는 행동이다. 그런 과정에서 대립과 갈등이 생긴다.

위와 같은 상황은 감정적인 대립이나 암묵적인 거부와는 완전히 다르다. 각자 자기 이익을 지키는 데 초점을 맞추고 그로 인해 기꺼이 상대와 다른 입장을 가지고 대립하고 갈등을 만들기 때문이다. 갈등이 만들어지려면 입장의 차이와 대립을 야기하는 구체적 사안이나 상황이 있어야 한다. 오래 함께 일한 동료라도 서로 잘 맞지 않아서 자주 기 싸움을 하거나 서로 냉랭하게 대할 수 있다. 하지만 그것을 갈등으로 볼 수는 없다. 그건 개인적 성향 때문에 사이가 좋지 않은 것이다. 하지만 구체적 상황이나 사안으로 이견이 생겼을 때는 그런 둘 사이의 관계가 갈등의 발생 여부를 결정할 수 있다. 애초에 관계가 좋지 않고 서로 간에 불신이 있었는데 거기에 특정 상황과 사안에 대한 서로 다른 입장과 이익 추구가 결합되면 상호 비난과 대립이 격해지고 갈등이 생길 가능성이 커지는 것이다. 그러니 불필요한 갈등을 예방하는 차원에서 평소에 불편한 관계를 해소하고 감정적 대립을 완화하면서 산다면 더할 나위 없이 바람직할 것이다.

갈등을 만드는 데 가장 결정적인 요소는 주관적 판단과 인식이다. 같은 일이 벌어졌어도 그에 대응하는 사람의 태도와 행동에 따라 갈등이 생기기도, 생기지 않기도 한다. 친밀감과 신뢰도가 높은 사이에서는 그렇지 않은 사이에서와는 다르게 갈등이 쉽게 생기지 않는다. 관계의 깊이, 신뢰, 이익의 공유, 공동 지인의 존재 등 여러 요인이 주관적 판단과 인식에 영향을 미친다. 사람들은 이런 점들이 자신에게 영향을 미치고 있음을 알고 있고, 그래서 쉽게 갈등을 만드는 선택을 하지 않는다. 그런데 갈등이 생기면 같은 이유로 갈등에 처한 사람을 혹독하게 평가하기도 한다. 자기 이익을 위해서, 그리고 주변에 피해를 주면서까지 갈등을 만들었다고 보기 때문이다. 하지만 누구든 자신에게 중요하고 자기 삶을 위해 필요한 욕구를 무한정 숨기거나 참기는 힘들다. 더군다나 지금은 개인의 권리, 자유, 선택이 무엇보다 중요한 가치가 된 시대가 아닌가. 그러니 주관적 판단과 인식의 차이가 크다면 갈등이 생길 수밖에 없다. 설사 이기적인 판단과 선택으로 갈등을 만들었다 해도 다른 사람이 그것을 비난할 수는 없다.

갈등을 만드는 데 결정적 역할을 하는 주관적 판단과 인식은 존중되어야 하지만 당연하게 받아들이기보다 잘 파악하고 분석해야 한다. 특히 자신의 주관적 판단과 인식을 경계할 수 있어야 한다. 객관성을 가지고 깊이 들여다볼 수 있다면 그보다 더 좋을 수는 없다. 갈등이 생긴 가장 중요한 이유를 분석할 수 있으니 말이다. 동료가 어떤 일을 맡기면서 명령조로 얘기했을 때 그에 대한 주관적 판단과 인식은 '무시'나 '무례'일 수 있다. 물론 '명령조'도 주관적인 판단이다. 그런 일이 반복되면 감정적 저항이 생기고 결국 폭발할 수 있다. 그런데 동료의 그런 행동은 상대에 대한 '무시'나 '무례'가 아니라 소통 능력의 부족이나 그 사람의 성향인 사무적 태도에서 기인한 것일 수 있다. 다른 사람들에게도 일관되게 그런 태도와 행동을 보인다면 더욱 그렇다. 주관적 판단과 인식은 객관적으로 틀릴 수도 있다. 그러니 경계가 필요하다.

　주관적 판단과 인식을 분석할 때 경계해야 할 다른 중요한 점은 상대가 자신을 방해하고 있다는 생각, 그래서 자신이 원하는 것을 얻을 수 없다는 확신이다. 그런데 '방해'는 다른 입장과 이익의 존재 때문에 생기는 불가피한 결과다. 서로 다른 입장을 내세우는 두 사람이 있다면 당연히 어느 한쪽의 이익만을 위해 상황이 쉽게 정리되지 않는다. 둘 사이 힘의 차이가 크지 않다면, 즉 어느 쪽도 쉽게 밀리지 않는 상황이라면 더욱 그렇다. 갈등이 생기고 격화되는 것은 그런 이유 때문이다. 그런 상황을 상대가 자신을 방해하고 있다고, 그래서 상대의 방해만 없으면 된다고 판단하고 인식하는 것이다. 그런 식이라면 결국 자신도 상대를 방해하고 있는 셈이 된다. 상대는 방해를 하고 있는 것이 아니라 자기 이익을 위해 자기 입장을 고수하고 있는 것이고 자신도 마찬가지다. 각자 모든 것을 자기 이익과 연결해 해석하고, 그 이익을 얻기 위해 서로 다른 방식을 주장하고 있을 뿐이다. 그러니 '방해'가 아니라 '생각과 방식의 차이'에 초점을 맞춰 갈등을 이해해야 한다.

　갈등이 생길 때 동반되는 복잡하고 적대적인 상황, 그리고 그것이 자신과 주변에 미치는 영향을 우려해 사람들은 갈등을 만들지 않는 선택을 하기도 한다. 자신과 주변의 상황을 종합적으로 판단한 후에 내린 선택이라면 그만큼 중요하고 바람직한 접근일 수 있다. 그러나 복잡한 상황을 만들지 않기 위해, 주변 사람들을 불편하게 하지 않기 위해, 또는 상대와의 관계가 거북해질 것을 염려해 억지로 참는 것이라면 바람직하지 않다. 자신의 생각과는 다르게 그런 선택이 절대 저절로 변화되지 않을 잘못된 관계, 구조, 문화를 눈감아주는 것이 될 수도 있기 때문이다. 무엇보다 자신의 권리, 안전, 행복 등을 포기하면서까지 갈등을 만들지 않으려고 애를 쓰는 건 무의미한 선택일 수 있다. 갈등을 감수할 각오로 문제를 제기하는 건 용기를 필요로 하는 일이다. 그럴 때, 갈등이 생기는 건 인간관계에서 자연스러운 일이며, 나아가 갈등을 잘 만들고 잘 해결하면 자신과 상대에게 좋은 변화가 생길 수 있다는 것을 기억하면 도움이 될 것이다. 관계든 구조든 문화든 좋은 방향으로 변화되기 위해서는 불가피하게 갈등이 필요한 경우가 많다. 다만 대립하고 싸우는 식이 아니라 대화하고 합의하는 식의 갈등 대응이 필요하다.

갈등, 해결해야 하나?

갈등과 관련해 보통 두 가지 이유로 갈림길에 서게 된다. 하나는 지금까지 얘기한 것처럼 변화를 위해 갈등을 만들 것이냐다. 다른 하나는 의도하지 않았지만 결국 갈등에 직면하게 됐을 때 갈등을 해결할 것이냐다. 많은 사람이 갈등을 해결하기보다는 열심히 피하거나 악화되지 않게만 관리하는 선택을 한다. 불편한 감정, 관계에 대한 영향, 주변의 간섭, 체면 손상 등을 우려하기 때문이고 무엇보다 해결을 확신할 수 없기 때문이다. 갈등의 해결은 마치 가보지 않은 길을 가는 것처럼 불확실하고 때로는 위험할 수도 있다고 생각한다. 그래서 갈등의 악화를 방지하는 것을 최선의 목표로 삼고 상대와의 접촉을 최소화한다. 갈등의 원인이 된 문제나 사건은 외면하거나 무시하며 최소한의 범위 내에서 눈앞에 닥친 일만 그때그때 정리한다. 물론 갈등을 해결하는 선택 못지않게 해결하지 않는 선택 또한 가능하다. 그런 접근이 지혜로운 삶의 방식이 될 수도 있다.

그러나 갈등을 피하고 최악의 상황이 되지 않게 관리만 하는 것이 더 힘들다면? 열심히 관리해도 시간이 지날수록 갈등이 더 악화된다면? 관계는 계속 나빠지고 주변 사람들의 관심과 비난이 높아진다면? 불안감과 불편함이 커져서 삶의 균형이 모두 깨져버린다면? 이런 경우엔 해결을 시도조차 하지 않는 것이 오히려 더 힘든 일이 될 수 있다. 특히 상대와 매일 마주하거나 자주 접촉할 수밖에 없다면 회피와 무시, 그리고 관리가 전혀 효과를 발휘하지 못할 수도 있다. 그러니 불확실하지만 가보지 않은 길을 가는 것이 더 지혜로운 선택이 될 수 있다.

갈등에 직면했을 때는 두 가지를 분석하고 판단해야 한다. 하나는 갈등이 자기 삶에 얼마만큼 영향을 미치고 있느냐다. 갈등의 영향이 미미해서 다른 생각과 일을 하면서 그럭저럭 견딜 만한지, 아니면 영향이 너무 커서 갈등이 삶의 중심에 들어와 있는지를 판단해야 한다. 동시에 갈등을 일으킨 사안이 자기 삶과 얼마나 밀접히 관련돼 있는지, 그리고 자신의 미래에 어느 정도 영향을 미칠 것인지도 냉철하게 판단해야 한다. 다른 하나는 설사 완전히 해결하지 못하더라도 해결을 시도하는 것이 하지 않는 것보다 나은지다. 이것을 판단하기 위해서는 '갈등의 해결'이 반드시 상대와의 대화와 상호 이해의 과정을 포함한다는 것을 알아야 한다. 처음엔 아니어도 결국엔 상대를 마주해야 하고, 대화를 하고 때로는 긴 협상을 한 후 합의하는 과정을 거칠 수밖에 없다. 그러니 상대와 절대 말을 섞지 않겠다고 다짐했다면, 또는 강한 분노와 심각한 트라우마로 상대를 마주할 수 없다면 갈등의 해결은 아주 힘들거나 불가능한 일이 될 수도 있다.

갈등의 부정적 영향이 크고 그로 인해 삶이 흔들리고 있어도 상대와 함께 문제를 해결할 생각이 없다면 그것 또한 선택이 될 수 있다. 그러나 갈등이 삶에 미치는 영향을 줄이는 것이 절실하다면 힘들더라도 해결을 시도하는 선택을 하는 게 현명하다. 해결의 시도에는 기본적으로 갈등이 생긴 원인과 가능한 해결 방법을 공유하고 논의하는 과정이 포함된다. 서로 각자의 얘기를 하고 이를 통해 갈등을 전체적으로 이해하고 분석하는 절차 또한 포함된다. 갈등이 얼마나 심각한지, 상대와의 관계가 어떤지에 따라 다르겠지만 해결의 시도는 적어도 현재 상황을 악화시키지는 않는다는 목표를 가지고 있다. 그리고 그 목표를 이루기 위한 노력이기도 하다. 동시에 서로를 좀 더 이해하려는 노력이기도 하다. 어쨌든 선택은 각자의 몫이다.

갈등과 관련해서 가장 좋은 선택은 애초에 불필요한 갈등은 생기지 않게 하는 것, 다시 말해 예방이다. 누군가가 문제를 제기하고 서로의 입장과 이익이 다르다고 반드시 갈등이 생기는 건 아니다. 또 갈등이 반드시 고성, 싸움, 비난 등을 동반하는 것도 아니다. 어떤 태도를 보이고 어떻게 행동하느냐가 불필요한 갈등을 예방하고 갈등을 상호 이해와 대화의 기회로 바꾸기도 한다. 차선의 선택은 갈등의 조짐이 있을 때 조기에 해결하는 것이고, 그다음 차선은 기회가 생길 때 해결할 수 있도록 갈등이 악화되지 않게 잘 관리하는 것이다. 그렇다면 갈등이 최악으로 치닫는 상황에서는 어떻게 할 것인가? 그때도 해결을 시도하는 것은 가능하다. 그 상황이 오히려 갈등을 해결할 좋은 여건을 제공할수도 있다. 막다른 골목에 도달했을 때는 모두가 어떤 식으로든 일단락을 짓거나 완전히 해결하는 것 외에는 다른 선택이 없다는 걸 잘 알기 때문이다. 그러니 어떤 상황 어느 시점에서든 해결이 필요하다면 포기하지 않는 게 최선의 대응책이다.

자기 탐구를 위한 Tip
반복되는 다툼과 갈등을 겪고 있다면

　많은 사람이 갈등에 대해 이중적인 태도를 보인다. 한편으로는 갈등을 심각한 문제로 보고, 그래서 갈등이 있어도 '없다'고 주장한다. 그런데 다른 한편으로는 갈등이 너무 분명하게 드러나면 '살면서 흔히 겪는 일'로 가볍게 취급한다. 어떤 사람들은 '왜 나만 다툼이나 갈등을 자주 겪을까'라며 근거 없는 비관론을 펴거나 갑자기 자기반성을 하기도 한다. 갈등에 취약한 것인지, 인복이 없는 것인지, 지나치게 민감한 것인지 궁금해하기도 한다. 갈등을 너무 심각하게 여기는 것도, 반대로 너무 가볍게 여기는 것도, 자신만 재수가 없다고 생각하거나 분석 없이 자기반성을 하는 것도 갈등에 대응하는 데 도움이 되지 않는다. 자신의 갈등을 잘 알고 갈등에 직면한 자신을 잘 알려면 분석적인 접근이 필요하다. 그러기 위해 다음의 질문들에 스스로 답을 해보자.

　□ 최근 6~12개월 동안 심각한 다툼이나 갈등을 겪은 적이 있었나?

　□ 원인은 무엇이었고 상대는 누구였나?

□ 이전에 비슷한 또는 같은 문제로 일시적 다툼이나 갈등을 겪은 적이 있었나?

□ 이전에 동일인과 다툼이나 갈등을 겪은 적이 있었나?

비슷한 또는 같은 문제로 다툼이나 갈등을 겪은 적이 있다면 그 문제는 자신에게 중요할 가능성이 크다. 가까운 사람이나 오랜 지인과도 그 문제로 다툰 적이 있다면 더욱 확실하다. 그렇다면 그 문제를 어떻게 다룰지 결정해야 한다. 계속 중요하고 심각하게 다룰 것인가, 아니면 조금 유연하게 다룰 것인가. 그 문제가 자신의 존재, 가치관, 정체성과 관련되어 있다면, 그래서 결코 포기할 수 없는 문제라면, 다른 사람들에게 그 중요성을 어떻게 알리고 존중을 요구할지 고민해봐야 한다.

동일인과 다툼이나 갈등을 겪은 적이 있다면 그것이 얼마나 반복적인지 따져봐야 한다. 그리고 '그 사람' 때문에 생긴 일인지, 아니면 그 사람과 관련된 '문제' 때문에 생긴 일인지 원인을 분석해봐야 한다. '그 사람' 때문이었다면 그 사람에 대한 새로운 판단과 이해가 필요한지 생각해봐야 하고, '문제' 때문이었다면 그 문제를 해결해야 한다. 보통은 두 가지가 얽혀 있을 가능성이 크다. 그렇다면 어느 쪽이 더 큰 비중을 차지하는지 따져봐

야 하고, 양쪽의 비중이 비슷하다면 사람보다 문제에 초점을 맞
춰 해결책을 찾아보는 것이 바람직하다. 사람에 초점을 맞추면
감정만 상할 가능성이 크다.

한 가지 꼭 점검해봐야 할 것은 상대에게 '네 생각이 그렇다는
건 인정할게'라고 말한 적이 있는가다. 인정하기 싫을 수 있지만
반복되는 다툼과 갈등은 자신의 태도와 행동, 그리고 문제와 사
람에 대한 대응 방식에서도 비롯되기 때문이다.

갈등은 왜 생길까?

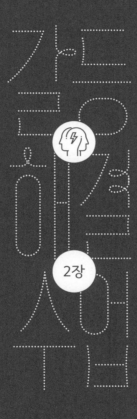

2장

갈등인지 아닌지 어떻게 구별할까?

갈등은 개인이나 집단 사이에 생긴다. 보통 생각과 주장의 차이에서 비롯되는데, 그것만으로는 충분하지 않고, 생각과 주장이 다르다는 이유로 서로 대립해야 비로소 갈등이 생긴다. 때로는 대립이 밖으로 표출되지 않을 수도 있지만, 그렇더라도 이미 갈등이 생긴 것으로 봐야 한다. 시간문제일 뿐 대립은 언젠가 표출될 것이고, 또한 당사자들이 이미 서로 대립하고 있음을 알고 있기 때문이다. 갈등의 원인이 된 문제를 해결하기 위해 당사자들은 어떤 식으로든 대립을 밖으로 드러내려고 할 것이다. 이렇게 갈등은 대립이 표출되었든 아니든 존재할 수 있다.

갈등을 정의할 때 가장 중요한 건 상호작용이다. 한쪽은 문제라는 인식을 갖고 있고 그로 인해 불편함을 느끼고 있는데 다른 쪽은 상대의 인식은 물론 문제의 존재조차 감지하지 못한다면 갈등이 있는 것으로 볼 수 없다. 상호작용이 일어나지 않기 때문이다. 대립이 표출되지 않아도 상호작용은 일어날 수 있다. 갈등이 본격적으로 진행되는 걸 원치 않아서 태도나 행동으로 드러내지는 않지만 은밀하고 치열하게 기 싸움을 할 수 있다. 핵심은 갈등이 일방의 인식과 판단이 아니라 쌍방의 인식과 판단으로 생긴다는 것이다.

일회성 이견 표출이나 다툼을 갈등으로 생각하는 경우도 있다. 하지만 그런 일은 갈등으로 발전될 가능성이 있을 뿐 그 자체가 갈등은 아니다. 꼬리가 남지 않아 관심을 두거나 처리가 필요한 일이 존재하지 않기 때문이다. 하지만 이견이나 다툼이 반복된다면 당연히 갈등이 생길 수 있다. 이견과 다툼의 이면에는 감정의 골, 불신, 어긋난 관계, 일 처리 방식의 차이, 경쟁심, 불편한 과거, 대립적인 이익 추구 등 분명히 반복되는 상황을 만드는 문제가 존재할 것이다. 이견과 다툼의 반복은 거기서 비롯된 것이고, 그 문제를 해결하지 않는 한 이견과 다툼은 반복될 수밖에 없다. 갈등을 해결하기 위해서는 당연히 그 원인을 다뤄야 한다. 하지만 차선으로 이견과 다툼을 줄일 수 있도록 자기 성찰과 감정의 통제를 방법으로 선택할 수 있다. 문제를 표면화할 필요가 있다면 갈등으로 발전하도록 놔둔 후 다룰 수도 있다.

그럼 어떻게 갈등인지 아닌지 구분할 수 있을까. 갈등의 중요한 몇 가지 특징을 알면 판단하는 데 도움이 된다.

갈등의 특징 중 하나는 반드시 원인이 되는 문제가 존재한다는 것이다. 아무 원인이나 맥락 없이 생기는 갈등은 없다. 단순히 삶의 방식이나 의견이 다르다고 갈등이 생기지는 않는다. 설사 평소 감정적 불편함이 있어도 그것을 확대하거나 폭발시키는 문제가 없다면 갈등이 생기지 않는다. 갈등은 양쪽 모두가 중요하게 생각하는 문제가 있고 그에 대한 이견이 확인됐을 때 생긴다. 이미 확인된 생활 방식의 차이, 견해 차이, 감정적 대립 등이 특정 문제에 대한 이견을 빠르게 드러내고 격한 대립을 만드는 데 영향을 줄 수는 있다. 하지만 각자 자기주장을 하게 만드는 문제가 없는데 그저 사이가 좋지 않거나 친밀감이 없는 상태를 갈등이라고 말할 수는 없다.

다른 특징은 구체적 이익이 존재한다는 것이다. 갈등이 있다는 건 어떤 문제가 있고 그와 관련해 얻을 수 있는 이익이 있다는 얘기다. 강하게 자기 의견을 표출하고 상대의 주장에 이의를 제기하면서 저항하는 건 그런 이유 때문이다. 걸려 있는 이익이 중요하고 클수록 대결은 격렬해진다. 이익의 종류는 다양하다. 물질적인 것일 수도 있고 아닐 수도 있다. 비물질적인 이익을 둘러싼 갈등이라고 대결의 수준이 낮은 건 아니다. 체면이나 명예가 걸린 문제를 놓고도 노골적 충돌이 생기고 갈등이 심각해질 수 있다. 가족이나 친구에게 영향을 미치고 자신을 고립시킬 수 있는 문제 때문에 대립이 생겼다면 갈등이 격화되는 것을 기꺼이 감수하기도 한다. 자신의 일상과 미래에까지 중대한 영향을 줄 수 있는 이익이 관련돼 있을 때는 단시간에 갈등이 생길 뿐만 아니라 오래간다. 반대로 구체적 이익이 관련돼 있지 않다면 사람들은 굳이 갈등까지 감수하면서 따지고 대립하지 않는다. 자신의 정신건강을 위해 보통 욕 한번 내뱉고 잊어버리는 선택을 한다.

또 다른 특징은 입장이 존재한다는 것이다. 갈등에 직면한 사람들은 갈등을 만든 문제에 대해 서로 다른 입장을 갖는다. 입장이 다르지 않다면 갈등이 생길 수 없고, 다른 입장이 드러나지 않는 갈등은 없다. 입장은 자신의 이익을 추구하거나 보호하기 위해 만든 논리이자 주장이다. 갈등의 당사자들은 상대는 물론 주변 사람들, 때로는 집단이나 사회 전체를 설득하기 위해 자기 입장을 만들고 드러낸다. 그래서 입장은 공식적으로 표명되고 상대는 물론이고 갈등을 알고 있는 모든 사람이 각 당사자의 입장을 알게 된다. 그렇게 입장을 드러내는 이유는 간단하다. 자신이 특정 이익을 추구하는 게 왜 정당하고 합리적인지를 상대뿐만 아니라 다수의 주변 사람들에게까지 설득력 있게 설명해야 하기 때문이다. 그러니까 입장은 이익을 얻거나 지키기 위한 주장이고, 핵심은 결국 이익이다. 실제로는 자신의 체면과 명예를 지키기 위해 특정인과 친분을 유지하거나 어떤 결정을 고수하면서도, 입장을 통해서는 자신의 체면과 명예, 즉 자신의 이익 때문이 아니라 특정인에 대한 신뢰나 결정의 합리성 때문에 그리한다고 말하는 식이다. 물질적 이익이 목적일 때도 입장을 통해서는 이익 자체가 아니라 이익을 보장하는 방식이나 결정의 합리성과 정당성을 강조한다. 마치 물질적 이익은 주요 관심사가 아니라는 것처럼 말이다. '돈이 중요해서가 아니라… 그 방법이 정당하고 공정하기 때문이다'라는 말은 입장을 밝히는 것이다. 하지만 뒤에 숨겨진 실질적 이익은 돈인 경우가 흔하다. 이렇게 갈등에는 항상 이익을 정당화하고 설득하려는 입장이 존재한다.

갈등의 가장 중요한 특징은 '상호의존성'이 존재한다는 것이다. 갈등에 처한 사람들은 서로 대립하고 비난하고 공격하지만, 그럼에도 배타적인 관계가 아니라 상호의존적인 관계다. 그들은 모두 갈등을 만든 문제를 공유하고, 그 문제를 어떻게 다루고 해결할지 고민한다. 그런데 당사자들 사이에 상호의존성이 생기는 근본적인 이유는 따로 있다. 자신의 갈등이 곧 상대의 갈등이고, 상대의 판단, 결정, 행동 등에 따라 자신의 갈등이, 그리고 삶이 영향을 받기 때문이다. 상대가 강경한 태도를 보이는지 유화적인 태도를 보이는지에 따라, 또는 대화할 생각이 있는지 없는지에 따라 자신의 갈등이 해결의 기미를 보이기도 하고 반대로 악화되기도 한다. 이런 상호의존성은 당사자들이 인정하지 않아도 그냥 존재하는 것이다. 상호의존성은 갈등을 이해할 때 가장 먼저 알아야 할 특징이다. 어떤 식으로든 갈등을 해결하려고 한다면 상호의존성을 인정해야 하기 때문이다.

소통 문제가 원인일까?

관계가 있는 사람들 사이에서는 자연스럽게 소통이 이뤄진다. 관계가 깊을수록 소통은 빈번해진다. 그래도 문제는 생기지 않는다. 소통은 관계를 유지하고 견고하게 만드는 데 핵심 역할을 한다. 하지만 아무리 오래되고 깊은 관계여도 소통이 잘되지 않는 상황에 직면할 수 있다. 그건 관계가 예전 같지 않거나 위기에 직면했음을 의미한다. 반대로 관계가 위기에 직면하면 소통이 잘되지 않고 매번 문제가 생긴다. 갈등에 처한 사람들은 흔히 이런 소통 문제를 갈등의 원인으로 지적한다. 특히 '자기 말만 해서'라거나 '자기 이익만 주장해서'라며 상대의 소통 의지 부재나 부족이 갈등의 원인이 됐다고 말한다. 상대가 성실하게 소통하지 않아서 대립하고 충돌하게 됐다는 거다. 그런데 그렇게 콕 집어 얘기할 수 있을 정도로 정말 소통이 원인이 돼서 갈등이 생긴 것일까? 상대의 소통에 문제가 있다고 하니 그 문제를 해결하면 갈등은 해결되는 것일까?

한 회사에 신입사원이 들어왔다. 선배들은 그 사원이 말귀를 잘 못 알아듣고 그래서 일을 잘 못한다고 말한다. 신입인 주제에 고집이 세고 자기주장이 지나치게 강하다고 생각한다. 한마디로 선배들과 열심히 소통하려고 노력하지 않는다는 거다. 그래서 알려준 대로 하지 않고 매번 뭔가를 덧붙이거나 빼먹어서 일을 그르친다는 것이다. 무엇이 어디부터 잘못된 것일까? 과연 소통 문제일까?

두 명의 친구가 있다. 대학 1학년 때 친구가 돼 내내 함께 다녔고 이제 졸업을 앞두고 직장을 구하는 데 온 힘을 쏟고 있다. 한 친구는 월급은 적어도 의미 있는 일을 해보고 싶어서 시민단체에서 일할 기회를 찾고 있다. 다른 한 친구는 무조건 월급을 많이 받을 수 있는 직장이 최고라고 생각해서 대기업이나 공기업 시험을 준비하고 있다. 그 와중에 사회적으로 큰 문제가 생겼다. 대기업의 갑질 및 기업윤리와 관련된 것이었다. 두 친구는 자연스럽게 그 문제를 얘기하게 됐고 서로 생각이 달라 여러 번 말다툼을 했다. 한번 말다툼을 한 후에는 며칠간 어색하게 지내곤 했다. 다른 사회문제와 관련해서도 이견이 생겼고 이젠 예전과 다르게 각자 자기주장을 강하게 하면서 대립하는 사이가 됐다. 두 사람은 소통을 잘못해서 관계가 서먹해졌을까? 그들이 관계를 해치지 않도록 노력하며 소통했다면 아무런 문제가 없었을까? 두 사람 중 한 명이라도 자기 생각을 강하게 주장하지 않았다면 관계는 잘 유지될 수 있었을까?

두 사례는 내용은 다르지만 비슷한 전개 양상을 보인다. 관계가 있는 사람들 사이에서 문제가 생겼고, 현재 상태가 지속되면 갈등이 본격적으로 전개되고 악화될 가능성이 크다. 사실 신입사원과 선배들의 문제는 아직은 갈등으로 볼 수 없다. 한 명의 신입사원이 여러 명의 선배를 상대로 문제를 제기하기는 쉽지 않고 따라서 갈등이 생기기는 힘들기 때문이다. 하지만 신입사원도 곧 업무에 익숙해질 것이고 그렇게 되면 선배, 특히 어느 정도 맞설 수 있는 선배하고는 갈등이 생길 수밖에 없다. 현재의 상호작용이 원인이 돼서 말이다. 반면 두 친구는 거의 갈등 상황에 진입했다고 볼 수 있다. 한 사람이 다른 사람의 눈치를 보면서 조심해야 할 정도로 힘의 차이가 있는 것도 아니고 이미 여러 차례 의견 대립이 있었기 때문이다. 무엇보다 그런 대립과 충돌이 잦아지고 있다.

먼저 신입사원과 선배들 사이에 문제가 생긴 이유를 생각해보자. 가장 분명해 보이는 이유는 그들 사이에 서로에 대한 이해가 부족하다는 점이다. 선배는 일을 시키면서 이유를 정확히 설명하지 않았다. 신입사원은 선배가 알려준 대로 일을 하지 않고 조금씩 다르게 했지만 그 이유를 얘기하지 않았다. 일에 대해 충분히 서로 정보를 공유하고 설명하고 묻고 답하는 과정이 없었던 것이다. 한마디로 소통을 잘하지 못한 것이라고 볼 수 있다. 그러니 이 상황이 갈등으로 발전된다면 소통 부족이나 실패를 원인 중 하나로 볼 수 있을 것이다.

하지만 소통 문제의 이면에는 서로에 대한 선입견이 숨어 있을 수 있다. 선배들은 신입사원이라면 무조건 선배의 말을 따라야 한다고 생각하는 한편, 신입사원은 오래 일한 선배들에게 창의적인 생각이 부족하다고 생각했다면 말이다. 그런 선입견은 소통 문제만 개선해서는 없어지지 않는다. 상호 신뢰를 키우고 각자의 단점을 개선하려는 노력을 서로에게 보여야 선입견의 해소가 가능해진다.

두 친구의 사례는 앞선 사례와는 다르다. 그들은 서로 다른 가치관과 세계관을 가지고 있음이 분명해 보인다. 그들이 별다른 충돌 없이 몇 년을 좋은 친구로 지낼 수 있었던 건 서로 다른 가치관과 세계관이 심각하게 충돌하는 상황을 만나지 못했기 때문이다. 하지만 사회 진출을 앞둔 시점에서 사회문제와 자신의 미래가 밀접하게 연결돼 있음을 느끼고 민감해졌을 것이다. 그런 상황이 두 사람의 의견 대립과 충돌에 영향을 미쳤다. 두 사람이 이견을 표출하고 그때마다 충돌한 이유는 소통을 잘하지 못해서가 아니라 세상을 보는 시각과 삶에서 중요한 것을 보는 관점이 달라서다. 자신의 정체성과 '앞으로 어떻게 살 것인가'라는 근본적 질문을 둘러싼 가치관과 생각의 차이가 표출된 것이다.

많은 사람이 갈등이 생기는 가장 큰 이유 중 하나는 사람들이 소통을 잘하지 못하기 때문이라고 생각한다. 하지만 소통의 이면에는 보통 더 근본적인 문제가 자리 잡고 있다. 소통은 그런 근본적인 문제를 표출하고, 서로 인정할 것이냐 말 것이냐를 결정하는 데 동원되는 수단이다. 물론 소통을 잘하고 서로의 다름을 인정하면 중대한 이견이 있어도 싸우지 않고 갈등을 만들지 않을 수 있다. 그렇더라도 소통의 이면에 있는 근본적이고 중요한 문제를 소통으로만 극복하기는 힘들다. 무엇보다 소통의 문제를 갈등이 생긴 이유로 단정해버리면 대립과 갈등을 이해하기 어려울 수 있다.

구조와 문화가 원인일까?

우리가 갈등을 알게 되는 건 특정 사건과 그로 인한 대립과 싸움을 통해서다. 그런데 보통 드러난 문제, 그러니까 우리가 목격하는 건 빙산의 일각이고 숨겨진 부분이 더 크다. 갈등의 전체 모습을 이해하려면 숨겨진 부분을 알아야 한다. 거기에 갈등의 근본 원인이 있기 때문이다. 갈등을 드러내는 건 사건(episode)이다. 그런데 갈등에는 반드시 근본 원인이 자리하고 있는 진원지(epicenter)가 있다.* 사건은 진원지에 뿌리를 두고 만들어지므로,

갈등을 알려면 버겁고 복잡해도 진원지를 들여다봐야 한다.

　두 명의 팀장 사이에 갈등이 생겼다. 두 사람은 협력 프로젝트를 두고 공동 회의를 할 때마다 이견을 표출하고 대립했다. 두 사람의 충돌이 공공연하게 계속되고 감정적 대립으로까지 치닫는 상황이 되자 팀원들도 서로 경계하게 됐다. 팀은 다르지만 서로 협력해 프로젝트를 잘 진행해야 하는데 팀장들의 눈치를 보는 게 우선이 됐다. 그 결과 정보를 공유하지 않거나 적극적인 소통을 꺼리는 일이 잦아졌다. 협력 프로젝트임에도 불구하고 윗선에 두 팀이 따로 보고하고 공동 회의에서는 서로 잘잘못을 따지면서 얼굴을 붉히는 일도 생겼다. 두 팀장의 대립으로 프로젝트가 잘 진행될지 염려되는 상황이 됐다.

　부모와 두 명의 딸, 그리고 할머니가 함께 사는 가족이 있다. 다섯 명의 가족은 겉으로는 아무 일 없는 듯 보이지만 사실 두 편으로 나뉘어 있다. 부모와 큰딸이 한편이고 작은딸과 할머니가 한편이다. 큰딸은 어렸을 때 병치레가 잦았고 그래서 부모의 관심과 사랑을 독차지했다. 작은딸은 건강했고 부모의 관심을 덜 받았다. 대신 그 모습을 안쓰럽게 본 할머니의 관심과 사랑을 받았다. 그런 관계는 시간이 지나면서 굳어졌다. 작은딸은 대학을 포기하고 모델이 되겠다고 했다. 그러자 부모와 큰딸은 주제

---

* 　존 폴 레더락, 『갈등전환』, 박지호 옮김, KAP, 2014, pp. 45-46.

도 모르고 헛바람이 들었다며 작은딸을 무시하고 작은딸의 결정을 강력히 반대했다. 할머니는 작은딸을 지지했고, 그렇게 새로운 문제를 두고 갈라진 편이 재확인됐다. 작은딸이 모델이 되기 위해 학원까지 다니자 두 편으로 갈라진 가족의 대립은 표면화되고 잦아졌다. 결국 가족 내 갈등으로 발전했다.

먼저 첫 번째 사례를 보자. 갈등이 생긴 이유는 두 팀장이 대립했기 때문이다. 그런데 그것은 갈등을 겉으로 드러나게 만든 사건일 뿐이고 근본 원인은 아니다. 회의 시간에 팀원들 앞에서 대립하게 된 이유, 그러니까 진원지의 문제는 따로 있다. 아무 이유도 없이 대립하며 싸우는 사람들은 없다. 회사가 지나치게 경쟁을 강조하고 팀별 성과를 중요시해왔다면, 나아가 애초에 팀 체제로 바꾼 이유가 팀 간 경쟁을 부추겨 성과를 높이기 위해서였다면 두 팀장의 대립은 그것과 무관할 수 없다. 공동으로 프로젝트를 진행하고 있지만 사실 팀장들은 자기 능력과 성과를 과시하고 자기 팀을 더 돋보이게 하려고 경쟁하고 있는 것이다. 공동 프로젝트로 두 사람이 더 선명하게 비교되는 상황이 만들어졌기 때문이다. 팀원들도 마찬가지다. 팀 체제에서는 팀장을 잘 따르고 보좌해야 한다는 압력을 더 강하게 받을 수밖에 없다. 다른 팀과의 협력보다 자기 팀을 향한 공동운명체 의식이 앞설 수밖에 없다. 다른 한편 서열과 상명하복을 중요시하는 회사임에도 불구하고 팀장들의 서열을 확실히 하지 않은 채 공동 프로젝트를 맡겼다면 그 또한 갈등을 만드는 원인이 됐을 수 있다. 두 팀장 사이의 관계를 해치고 지나치게 경쟁하게 만든 건 회사의 구조와 문화의 문제고, 그것이 갈등의 진원지에 있는 것이다.

두 번째 사례를 보자. 가족들이 편을 가르고 대립하게 된 표면적인 이유는 작은딸이 부모와 상의 없이 모델이 되겠다고 한 것이다. 하지만 그것은 드러난 사건일 뿐이다. 작은딸이 다른 진로를 택했어도 그 역시 부모와 생각이 달랐다면 비슷한 일이 벌어졌을 것이다. 그렇다면 근본 원인은 무엇일까? 부모가 큰딸을 편애하고 할머니는 작은딸을 지지해서일까? 그럴 수도 있다. 하지만 더 근본적인 원인은 가족의 문제 대응 방식이다. 사실 부모와 자식 사이에 진로를 놓고 이견이 생기는 일은 아주 흔하다. 그렇다고 부모가 노골적으로 자식을 무시하고 자존심을 짓밟지는 않는다. 더군다나 부모가 보는 앞에서 형제나 자매 중 한 명이 다른 형제자매를 노골적으로 무시하는 경우는 드물다. 또 이견이 생겼을 때 편을 나눠 싸우는 경우도 흔치 않다. 하지만 이 가족은 오랜 세월 서로 무시하고 욕하고 싸우는 식으로 문제를 다뤄왔고 그런 방식에 익숙해졌을 가능성이 크다. 그것이 가족의 문제 대응 문화로 굳어졌고 그런 가족 문화가 갈등의 진원지에 자리하고 있다.

흔히 구조적 원인이 있는 곳에는 문화적 원인도 있다. 둘은 서로 톱니바퀴처럼 얽혀 있다. 첫 번째 사례의 경우 회사의 구조적 문제에 더해 조직문화의 문제도 보인다. 특정인들 사이에 경쟁이 심화하고 관계가 악화해 대립으로 치달을 때 주변 사람들이 방관하거나 그냥 동조하는 조직문화가 만들어져 있다. 그런 문화에서는 동료의 일에 나서지 않는 것을 미덕으로 여긴다. 조직 차원의 문제에 대해서는 침묵하는 것을 상식으로 여기기도 한다. 두 번째 사례의 경우에도 문화적 원인뿐만 아니라 가족 구조의 문제가 있다. 보호자와 양육자로서 조부모와 부모의 역할이 분명하지 않고, 문제가 생겼을 때 함께 논의하는 절차가 전혀 없거나 제대로 작동하지 않는다. 절차가 없으니 중대한 문제를 감정적으로 다루고 무엇이 잘못됐는지조차 알지 못한다.

갈등의 원인을 찾기 위해서는 항상 기본적으로 구조와 문화의 문제를 살펴야 한다. 하지만 근본적으로 구조와 문화에 문제가 있더라도 그것만이 갈등을 만드는 원인이 되는 건 아니다. 인간은 자신이 속한 구조와 문화의 영향을 받기 마련이지만 필요하다고 생각되면 그것을 뛰어넘어 다른 방식으로 생각하고 판단하고 행동할 능력이 있기 때문이다.

세계관과 가치관이 달라서일까?

관계가 있는 사람과 갈등이 생기는 건 이상한 일이 아니다. 관계가 있다는 것이 이견이 없다는 것을 의미하는 것도 아니고, 이견과 갈등이 있다고 반드시 부정적인 관계인 것도 아니다. 그런데도 대부분은 이견과 갈등이 있는 관계는 문제가 있는 관계라고 생각한다. 그래서 이견과 갈등이 생기지 않도록 조심하고 노력한다. 하지만 가장 바람직한 접근법은 필요한 갈등은 만들거나 수용하고, 불필요한 갈등은 만들지 않거나 예방하는 것이다. 아예 이견과 갈등이 없는 관계를 추구하고 기대하는 건 현실적이지도 가능하지도 않다. 애초에 우리가 어떻게 관계를 맺는지 생각하면 더욱 그렇다.

사람들이 관계를 맺게 되는 계기와 방식은 자율적 선택인 것 같지만 그렇지 않은 경우가 오히려 더 많다. 우리는 크고 작은 사회집단에 속해 있다. 그 안에서 이런저런 관계를 만들고, 그에 따라 대부분은 온전히 홀로 지내는 시간보다 관계를 맺은 사람들과 지내는 시간이 더 많다. 아이들은 유치원이나 학교에서 친밀한 관계를, 또는 친밀하지는 않지만 부담 없이 알고 지내는 관계를 만든다. 어른들은 회사, 동호회, 종교집단 등에서 그와 비슷한 관계를 만든다. 자발적 선택인 경우보다 거부할 수 없는 집단과 환경 안에서 만나게 된 사람들과 관계를 맺는 경우가 더 흔하다. 대가족 내에서 맺어지는 관계도 비슷하다. 부모와 형제자매는 선택할 수 없다. 배우자는 선택할 수 있지만, 배우자의 부모와 형제자매는 부수적으로 따라오는 관계다. 어떤 사람에 대해 잘 알고 매력을 느껴서가 아니라 자신이 속하고 관계하게 된 집단이나 사람들을 통해 우연히, 그리고 비자율적으로 관계를 맺는다. 상대를 판단하고 고르는 게 아니라 '거기 그 사람이 있기 때문에' 맺어지는 관계에서는 이견과 갈등이 생길 가능성이 크다. 그것이 오히려 자연스럽다. 그런데도 사람들은 이견과 갈등을 자연스럽게 받아들이지 못하고 몹시 불편함을 느낀다. 가장 큰 이유는 이견과 갈등이 생기지 않으리라는 예상이 어긋났기 때문이다. 하지만 분명한 건 어쨌든 관계가 있는 곳에는 항상 이견과 갈등도 있을 수밖에 없다는 점이다.

그렇다면 친밀한 관계에서, 또는 친밀하진 않아도 원만한 관계에서 이견이 생기고 그로 인해 대립과 갈등까지 생기는 원인은 무엇일까? 애초에 안 맞는 사람들이었는데 관계를 맺어서일까? 그렇다면 '안 맞는다'라는 건 어떤 의미일까?

가장 기본적으로 안 맞는다는 건 세상을 보고 이해하는 방식, 그리고 삶에서 중요하게 여기는 것에 대한 생각이 다름을 의미한다. 세계관과 가치관이 다르다는 얘기다. 사람은 모두 각자의 특별하고 주관적인 경험, 지식, 인식에 의존해 형성된 세계관과 가치관을 가지고 있다. 그런 개인의 세계관과 가치관은 친밀하거나 밀접하게 접촉하는 주변 사람과 잘 맞기도 하고 잘 맞지 않기도 한다. 잘 맞으면 문제가 안 되지만 잘 맞지 않으면 갈등이 생길 수 있다. 집단이나 조직도 세계관과 가치관을 가지고 있다.

주로 집단과 조직을 움직이는 의사결정권자들의 세계관과 가치관이 반영된다. 그런 집단이나 조직의 세계관, 가치관이 개인의 세계관, 가치관과 맞지 않아 갈등이 생기기도 한다. 예를 들어 대가족이나 회사의 경우 성평등이나 개인의 권리가 강조되는 곳도 있고, 남성 우월성이나 집단성이 강조되는 곳도 있다. 그로 인해 거기에 속한 개인은 집단이나 조직에 문제를 제기하고 갈등을 겪을 수 있다. 견딜 수 없어 회사를 그만두거나 집을 나오거나 종교집단을 바꾸는 사람들도 있다.

안 맞는다는 건 문제에 대응하는 방식이 다름을 의미하기도 한다. 문제에 대응하는 방식은 어떤 일을 문제로 인식하느냐 하지 않느냐와 관련된다. 가족 또는 회사 행사에 모든 구성원이 의무적으로 참여해야 하는지를 놓고 이견이 생겼다고 생각해보자. 어떤 사람은 개인의 권리와 관련된 문제이기 때문에 선택의 자유를 존중해야 한다고 주장한다. 반면 어떤 사람은 좋은 가치인 집단성과 공동체의식의 강화를 위한 것이므로 개인의 선택을 제한해도 문제가 되지 않는다고 주장한다. 그렇게 다른 주장이 강하게 충돌하면 갈등이 생긴다. 어떤 사람은 개인의 자유를 제한하는 모든 일을 중요하게 여겨 적극적으로 문제를 제기하고 대응한다. 한편 어떤 사람은 개인의 자유를 충족하는 것이 현실적으로 불가능하다고 생각해서 문제 제기나 대응을 불필요하고 번잡스러운 일로 생각한다. 그런 대응 방식의 차이로 인해 충돌이 생긴다. 이런 사례는 일상에서 무수히 많다. 그런데 대응 방식을 결정하는 것 또한 결국 대부분 세계관이나 가치관과 관련되어 있다.

사람 사이에는 문화적 배경이나 정치적 견해 등의 차이도 존재한다. 삶의 경험과 목표도 다르다. 서로 안 맞는 점은 무수히 많다. 사람 사이의 그런 차이는 자연스러운 것이고 그것을 인정하는 것이 상식이다. 하지만 그렇게 쿨한 사람은 생각보다 많지 않다. 대부분은 자기 생각과 방식이 옳고 다른 생각과 방식은 옳지 않다고 생각한다. 그렇게 서로 맞지 않아서 갈등이 생길 수 있다.

다른 사람과의 차이를 인정하느냐 하지 않느냐는 각자의 선택이다. 하지만 차이를 직접적 또는 우회적 비난이나 공격의 이유로 삼아서는 안 된다. 사람들은 자기와 밀접한 관계인 사람이, 동일 집단 내에 있는 사람이, 그리고 가깝게 얼굴을 맞대고 일하는 동료가 자신과 다르다는 것을 몹시 불편하게 생각한다. 그런 상황을 거부하기도 한다. 물론 개인 권리의 침해, 폭력의 묵인이나 승인이 다름으로 포장된 거라면 정당하게 거부할 수 있고 그것이 바람직하다. 하지만 그것조차 현실에서는 칼로 무 자르듯이 되지 않고 개인적 감정이나 선입견과 뒤섞여 복잡해지는 경우가 많다.

변화에 대한 욕구 때문일까?

직장, 동호회, 대가족, 종교집단 등에서 우리는 매일 '다른' 사람들을 마주한다. 그 사람들이 자신과 다른 것은 당연한데 감정적 불편함이 합리적 생각을 뛰어넘는다. 그런데 진짜 우리를 불편하게 하는 사실은 다름이 차별적으로 이해되고 인정된다는 거다. 이 문제는 힘의 차이와 관련돼 있다. 상대적으로 힘이 있는 사람은 자신의 다름을 쉽게 인정받는다. 하지만 다른 사람의 다름을 이해하거나 인정하려고 하지 않는다. 상대적으로 힘이 없는 사람은 자신의 다름을 호소할 기회를 얻는 것조차 힘들다. 다름은 반복적으로 거부되고 결국엔 '이상한' 사람으로 낙인찍히는 경우도 흔하다. 비슷한 힘을 가진 사람들은 숫자로 힘의 차이를 만들고 이용한다. 대다수의 집단 구성원들과 다르게 생각하거나 행동하는 사람의 다름을 다른 구성원들이 인정하지 않는건 힘의 차이를 이용하는 것이다. 최악의 경우 다수의 힘을 이용해 집단 내에서 노골적으로 따돌리거나 공격한다. 이런 일은 집단 사이에서도 생긴다.

힘의 차이를 극복하지 못해서 다름을 인정받지 못하는 개인이나 집단은 절망한다. 하지만 어쩔 수 없다는 생각으로 그런 상황을 받아들이곤 한다. 상대적으로 힘이 있는 개인이나 집단에게는 아주 괜찮은 상황이다. 하지만 그런 상황이 영원히 계속되리

란 보장은 없다. 인간은 누구나 변화의 욕구가 있다. 침묵하고 수용하는 건 적당한 때를 기다리고 있다는 의미이기도 하다. 집단 내에서 항상 조용하고 자기 감정과 생각을 잘 표현하지 않던 사람이 폭발하는 경우가 있다. 그건 바로 때가 왔음을 의미한다. 한 번의 해프닝으로 끝날 수도 있지만 그것이 시작이라면 갈등의 발생은 필연이다. 물론 힘의 차이를 극복하지 못해 갈등이 오래 계속되지 않을 수도 있다. 하지만 자신의 감정을 드러낸 것 자체가 큰 결심을 한 것이기 때문에 의외로 포기하지 않는 경우가 흔하다. 그런 경우 갈등은 지지부진하게라도 오래 계속될 수밖에 없다. 그런 갈등에서 문제를 제기하는 쪽의 목표는 인정을 받는 것, 즉 실질적 변화다. 하지만 상대는 변화를 원하지 않는다. 오히려 변화를 위협으로 생각하고 현재 상태를 유지하는 것을 목표로 세운다. 갈등은 인정받고 싶어 하는 사람과 인정하기를 거부하는 사람이 가진 서로 다른 목표의 대립이 된다. 그래서 다루기도, 해결하기도 힘들다.

갈등이 생기는 가장 큰 이유 중 하나는 사람들이 눈앞의 문제나 상황을 그대로 받아들이지 않기 때문이다. 물질적 이득과 관계되어 있든, 삶의 질과 관계되어 있든, 인정받는 것과 관계되어 있든 마찬가지다. 모두 근본적인 이유는 어느 한쪽이 문제를 제기하고 이미 짜인 판을 바꾸려고 시도하기 때문이다. 바꾸는 게 쉽지 않고 당연히 갈등이 생길 걸 예상하더라도 말이다. 변화의 욕구가 갈등이 생겼을 때 예상되는 스트레스나 어려움보다 크다면 기꺼이 갈등을 감수한다. 물론 더 이상 감정을 억제하고 인내하기가 힘들기 때문일 수도 있다. 하지만 그 이면에도 결국에는 더는 참지 않겠다는, 어떤 식으로든 다른 상황을 만들겠다는 의지와 욕구가 깔려 있다. 그런데 변화를 위해서는 반복적으로 문제를 제기하고 그에 대해 상대가 긍정적으로 반응해야 하는데 그렇게 되기가 쉽지 않다. 그런 이유로 갈등은 예상대로 전개되지 않는 일이 흔하다. 또는 상대의 강한 대응 때문에 예상을 넘는 치열한 대립으로 치닫기도 한다. 그런데도 변화의 욕구가 크면 그 모든 것을 감수하게 된다.

가끔은 어떤 개인이나 집단의 문제 제기나 변화의 시도가 논리적이지도 합리적이지도 않고, 심지어 부당하게 보이는 경우도 있다. 상식이나 도덕적 기준을 넘어서 지나치게 자기 이익만 생각하는 경우가 그렇다. 그런데 중요한 점은 그런 태도와 행동이 옳은지 그른지를 따지는 게 갈등을 이해하고 거기에 대응하는 데 큰 도움이 되지 않는다는 거다. 갈등은 결국 주관적 인식, 판단, 주장, 행동에 따라 생기는 문제다. 그러니 문제가 제기되고 갈등이 발생했다는 것 자체를 인정하고 대응을 고민하는 게 현명하다. 시시비비를 따지거나 진짜 속내를 알아보는 건 해결을 위해 대화의 자리를 마련했을 때 해야 할 일이다.

한 사람의 독특한 성격, 취향, 행동이 동료들을 불편하게 만들고 일에 영향을 주는데도 그런 다름을 존중하라고 요구하는 사람의 주장을 인정해야 하나? 그로 인해 생긴 갈등을 받아들여야 하나? 그게 타당하고 바람직한가? 이런 질문을 할 수도 있다. 하지만 부정할 수 없는 사실은 갈등은 이미 모습을 드러냈고 그 갈등에 모두가 영향을 받고 있다는 점이다. 이미 존재하는 갈등을 없는 것처럼 취급할 수도, 틈이 벌어진 관계를 부인할 수도 없다. 그러니 잘 대응하고 해결하는 것이 최선이다. 다름을 존중해달라고 주장하는 것이 타당한지 아닌지는, 다수가 자신들과 다른 한 사람을 '불편'하게 취급하는 것이 타당한지 아닌지는, 그리고 그것이 일에 영향을 미친다는 것이 어떤 의미인지는 진정성을 가지고 대화의 자리에 앉아서 정리할 일이다.

자기 탐구를 위한 Tip
갈등을 성찰의 기회로 삼고 싶다면

갈등은 자기 존재와 자신이 맺고 있는 관계를 확인시켜준다. 갈등이 생겼다면, 특히 그 갈등이 심각하다면 신중하게 관계에 대해 성찰해봐야 한다. 관계가 생각만큼 견고하지 않았을 수도, 자신의 존재가 상대에게 생각만큼 중요하지 않았을 수도 있다. 하지만 어떤 관계에서든 갈등은 생길 수 있다. 사람도 변하고 영향을 주는 주변 환경도 변하니 말이다. 그러니 너무 자책할 필요는 없다. 그래도 갈등이 생겼다는 건 결국 자신이 갈등의 발생에 기여했음을 의미한다. 따라서 관계 속의 '자신'에 대해서 성찰해봐야 한다. 보통은 자신이 갈등의 발생에 기여했다는 점은 물론, 갈등에 직면하게 됐다는 사실조차 부인하려고 한다. '불편한 진실'을 거부하려는 마음 때문이다. 하지만 그런 태도는 갈등을 마주하는 데 전혀 도움이 되지 않는다.

갈등은 자신이 맺고 있는 관계의 질에 대해서도 성찰할 기회를 제공한다. 자신이 속해 있는, 그리고 사람들과 관계를 맺은 집단이나 조직 등에 대해서도 성찰할 기회를 제공한다. 집단과 조직에 대한 자신의 이해, 그 안에서 자신의 역할, 집단과 조직에 대한 자신의 평가, 자신과 다른 구성원들 사이의 힘의 관계 등 성찰할 건 여러 가지다. 특히 자신이 특정인과 어떤 힘의 관계를 형성하고 있는지, 그 관계에서 자신은 상대적 강자인지 약자인지, 강자라면 그 힘의 관계를 적극적으로 또는 은밀하게 이용해왔는지 솔직하게 따져봐야 한다. 가장 중요한 건 어느 정도 거리를 두고 자기 자신과 생각을 객관적이고 비판적으로 성찰해봐야 한다는 거다. 성찰을 위해 아래의 질문들을 던져보는 것도 좋다.

☐ 내가 속한 집단과 조직은 내게 공간적, 업무적, 사적으로 어떤 의미가 있나?

☐ 내가 속한 집단과 조직에서 나는 적극적인가, 아니면 소극적인가?

☐ 나는 다른 구성원들에게 영향을 끼치는 사람인가, 영향을 받는 사람인가?

☐ 나의 영향을 받는 사람은 누구이고, 내게 영향을 끼치는 사람은 누구인가? 나와 그들 사이에는 힘의 차이가 있는가? 있다면 어느 수준인가?

☐ 나는 다른 사람의 의견을 듣는 사람인가, 아니면 주로 의견

이나 충고를 말하는 사람인가?

□ 나와 다른 사람들과의 관계의 질, 신뢰의 수준은 어느 정도
인가?

이 질문들은 집단과 조직 안에서 자신이 맺고 있는 관계의 성격과 질, 집단과 조직에서 자신의 위치, 다른 사람들과의 힘의 관계 등을 성찰하는 데 도움이 될 만한 것들이다. 자신을 알고 다른 사람들과의 관계와 상호작용을 탐구하는 데 도움이 될 수 있다.

어떻게 대응해야 하나?

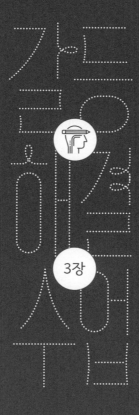

갈등을해결하는3장

소극적으로 대응할까? 적극적으로 대응할까?

입사 동기로 1년 동안 친하게 지내던 동료 사이가 서먹해졌다. 다른 부서에 근무하던 둘은 부서 사이의 일을 두고 의견 차이와 언쟁이 생겼다. 한 사람은 적극적으로 자기 부서를 옹호했다. 다른 한 사람은 각자 성찰하고 반성할 시간을 가져야 한다고 했다. 이에 동료는 그건 비겁한 태도라며 입장을 분명히 밝히라고 했다. 부서 사이 갈등의 영향으로 친한 두 사람 사이에도 갈등이 생겼다. 예전처럼 어울리는 일이 없어졌고 함께하는 자리에서는 자주 의견 대립을 보이곤 했다. 하지만 갈등은 조용히 진행됐다. 악화되지도 해결되지도 않은 채 거의 6개월이 지나고 있다.

체육동호회 안에서 A와 B는 형 동생처럼 친하게 지냈는데 최근 회장 선출을 앞두고 지지하는 사람이 달라 대립했다. 나이가 더 많은 A는 자기가 지지하는 사람을 뽑으라고 B에게 은근한 압력을 넣었다. B는 A의 그런 태도와 행동이 못마땅했다. B는 자기가 지지하는 사람을 요란스럽게 홍보하지는 않았지만, A의 지지 요청을 단칼에 거절했다. A가 지지한 사람이 낙선하고 B가 지지한 사람이 당선되면서 둘 사이는 서먹해졌다. 그리고 다른 안건을 둘러싸고 회의에서 이견을 표출하면서 충돌했다. 그렇게 둘 사이의 갈등은 가시화됐다. 하지만 둘은 운동이나 행사에 빠지지 않고, 다른 사람들 앞에서 둘 사이에 문제가 있다는 표시를 내지도 않는다. 둘 사이의 직접적 소통은 사라졌지만 한자리에 있는 것을 마다하지 않는다. 오히려 둘 사이의 문제를 아는 다른 사람들이 눈치를 보는 상황이다.

위의 두 사례는 주변에서 흔히 볼 수 있는 갈등이다. 갈등에 직면한 사람들의 태도와 행동도 흔한 모습이다. 우리 각자의 모습이기도 하다. 이런 모습을 통해 사람들이 갈등에 대응하는 방식을 이해하고 분석할 수 있다.

많은 한국인이 자신의 갈등에 대응하는 데 소극적인 모습을 보인다. 상대에게 자기 의견을 분명히 밝히지 않는다. 상대의 태도나 행동의 어떤 점이 자기에게 상처를 주었거나 기분을 상하게 했는지도 말하지 않는다. 자신이 원하는 것을 말하지 않고, 갈등을 해결하려고 시도하지도 않는다. 오히려 두루뭉술하고 지지부진하게 갈등 상황을 끌고 가거나 억지로 외면하려 한다. 가장 흔한 대응은 자기 마음을 다스리면서 스스로 위로하고 격려하는 거다. 적극적이라고 해봐야 가까운 사람에게 하소연하고 갈등 상대의 흉을 보는 것이다. 하지만 이건 자기 위안은 되지만 갈등을 해결하려는 시도와는 거리가 멀다. 오히려 그런 하소연과 뒷말이 상대의 귀에 들어가 갈등이 악화하는 경우가 더 흔하다.

많은 사람이 소극적 태도를 취하는 데는 크게 두 가지 이유가 있다. 하나는 관계에 신경을 쓰기 때문이고, 다른 하나는 주변의 눈치를 보기 때문이다. 주변의 눈치를 보는 것도 결국 관계의 문제와 관련돼 있다. 관계는 한국인들이 일상에서 가장 많이 신경을 쓰는 문제다. 갈등은 기존의 관계를 뒤흔들고 부정적으로 바꾼다. 대다수는 관계가 더 흔들리거나 나빠지는 걸 원치 않는다. 앞으로의 관계가 예측 불가능해지는 것도 원치 않는다. 이 때문에 갈등에 직면했더라도 현재의 관계를 지키고 더 악화시키지 않는 선택을 한다. 갈등에 소극적으로 대응하는 것이다. 주변의 눈치를 보는 것 또한 갈등으로 인해 주변 사람들과의 관계가 부정적으로 변하고 예측 불가능하게 되는 것을 원치 않기 때문이다. 그래서 선택하는 갈등 대응 방법이 자신의 감정, 태도, 행동 등을 통제하고 상대를 아무 일 없는 듯이 대하려고 노력하는 것이다. 그런 이유 때문에 때로는 갈등의 존재 자체를 부인하기도 한다.

위의 사례에서 입사 동기들이 불편함을 감수하면서도 6개월 동안 갈등에 별다른 대응을 하지 않는 이유는 관계에 신경을 쓰기 때문이고 주변의 눈치를 보기 때문이다. 대립하면서 갈등을 표출하는 것보다 절제하면서 불편함을 참는 것이 더 좋은 선택이라고 생각한 것이다. 두 번째 사례도 마찬가지다. 주변 사람들이 두 사람의 갈등을 알고 있지만 아무 일 없다는 듯이 행동하는 건 관계를 악화시키기 싫어서다. 또 주변으로부터 부정적 평가를 받지 않기 위해서다. 아직은 그런 선택을 재고할 만한 심각한 충돌이 생기지 않았기 때문이기도 하다.

물론 적극적 태도로 갈등에 대응하는 경우도 많다. 적극적 대응을 선택하는 사람은 자기 의견을 명확하게 표현한다. 주변 사람들에게도 적극적으로 갈등을 알리려고 한다. 말이 퍼지고 갈등이 알려지는 것을 불편하지만 어쩔 수 없는 일이라고 생각한다. 원하는 것도 굳이 숨기지 않는다. 아주 적극적인 사람은 자신과 대립하는 상대와 접촉을 시도하고 문제를 해결할 것을 주장한다. 상대가 불편하게 여길지라도 문제를 해결하기 위해서는 불가피하다고 생각한다. 적극적 대응을 하는 사람들이 관계에 관심이 없고 주변의 눈치를 보지 않는 건 아니다. 다만 문제를 해결해야 한다는 생각이 더 강할 뿐이다. 또한 소극적으로 대응한다고 이미 흔들린 관계가 예전으로 돌아갈 수 있다고 생각하지 않기 때문이기도 하다.

　그렇다면 앞에서 얘기한 두 사례의 당사자들에게는 적극적 대응을 선택할 이유가 전혀 없었을까? 그들이 그런 선택을 하지 않은 이유 중 하나는 그들에게 관계의 문제가 더 중요하기 때문이다. 갈등 상대와의 관계가 특별하고 무시할 수 없는 것이어서 완전히 깨지는 걸 우려하기 때문이기도 하다. 갈등을 촉발한 문제가 자신의 물질적 이익이나 손해, 명예로운 지위의 획득이나 박탈 등과 관련된 게 아니라 다른 사람의 문제였기 때문이기도 하다. 주변의 눈치를 보는 것 또한 무시할 수 없는 이유다. 그것은 곧 자신에 대한 주변의 평가, 체면 등과 관련된 일이기 때문이다. 그래서 자기 의견을 드러내고 상대와 대립하는 것보다 갈등 표출을 억제하기 위해 자기를 통제하는 데 더 공을 들이는 것이라볼 수 있다.

　사람들은 대체로 갈등이 관계의 문제나 자기가 통제할 수 있는 자기만족이나 이견 등과 관련됐을 때는 소극적으로 대응한다. 어떤 면에서건 자기보다 더 유리한 위치에 있거나 힘이 있다고 생각되는 사람과의 갈등에도 소극적으로 대응한다. 적극적으로 대응하는 것이 자신에게 유리하지 않기 때문이다. 하지만 물질적 이익이나 안정적 미래 등 구체적이고 중요한 이익이 걸려있을 때는 적극적인 태도를 보인다. 그런 경우엔 상대와 관계가 깊고 상대가 자신보다 여러 면에서 힘이 있다고 해도 쉽게 포기하지 않는다. 이런 대응은 사회갈등에서 흔히 볼 수 있다. 보통 사회갈등은 눈앞의 이익이나 가까운 미래가 관련된 문제로 인해 집단 사이에서 생긴다. 그럴 때 사람들은 훨씬 힘이 많은 기관이나 기업과 대립하는 것도 마다하지 않는다. 오히려 강하게 의견을 표하고 대결 구도를 만드는 걸 선호하기도 한다. 그래야 자기 집단의 생각과 요구가 알려지고 개인적 이익도 지킬 수 있다고 생각하기 때문이다.

소극적 대응이 더 좋은지, 적극적 대응이 더 좋은지는 누구도 단정적으로 말할 수 없다. 갈등을 만든 문제에 따라, 관계에 따라, 관계의 질에 따라 달라질 수 있기 때문이다. 다만 한 가지 생각할 것은 관계가 중요해서 소극적 대응을 한 것이 정말 관계의 유지 또는 복구에 도움이 되는지다. 또 구체적인 이익이 중요해서 적극적 대응을 했는데 그것이 실제로 이익을 얻는 데 도움이 될 것인지다.

피할 것인가? 다룰 것인가?

갈등에 소극적으로 대응하느냐 적극적으로 대응하느냐는 개인의 본래 성격과 관련된 것이기도 하다. 성격이 외향적이고 매사 적극적인 사람은 갈등에 직면했을 때도 적극적으로 대응하는 경향이 있다. 반면 성격이 내성적이고 생각을 잘 표현하지 않는 사람은 갈등에 즉각적으로 대응하지도, 자신의 의사를 잘 표명하지도 않는다. 물론 이런 성격과 태도는 갈등에 관련된 이익이 얼마나 중대한지에 따라 변할 수 있다. 하지만 중대한 이익이 걸려 있어도 당장 목숨을 빼앗길 정도의 극한 상황이 아닌 한 성격에 따른 대응 방식은 쉽게 변하지 않는다. 대가족 내에서 오랜 세월 비슷한 갈등을 반복해 겪어도, 직장 내에서 동료들과 수시로 갈등에 빠져도 대응이 달라지지 않는 건 이렇게 개인이 가진 자기만의 성격과 태도 때문이다. 그런데 개인의 성격이 갈등 대응에 미치는 영향을 이해하기는 쉽지 않다. 사실 상대에 대한 반감이나 적개심 때문에 의도적으로 이해하지 않거나 외면하려 하기도 한다. 그래서 적극적으로 보이는 대응은 공격적이고 일방적인 것으로, 소극적으로 보이는 대응은 무관심하고 무책임한 것으로 해석하곤 한다.

개인의 갈등 대응 방식을 알아보는 데 흔하게 이용되는 도구 중 하나가 토머스-킬먼 갈등 방식 도구(Thomas-Kilmann Conflict Mode Instrument)다. 1974년 케네스 W. 토머스(Kenneth W. Thomas)와 랠프 H. 킬먼(Ralph H. Kilmann)이 개발한 이 도구는 30개 질문을 하고 대답을 취합한 다음, 그 결과에 따라 개인이 갈등에 대응하는 유형을 분류한다. 분류의 근거가 되는 두 개의 축은 '주장하기(assertiveness)'와 '협력하기(cooperativeness)'다. '주장하기'는 갈등 상황에서 최대한 자신의 이익을 취하기 위해 자기 생각이나 판단을 밀고 나가는 것을 말한다. '협력하기'는 갈등을 해결하기 위해 상대를 고려하고 대화와 협상을 시도하는 것을 말한다. '주장하기'와 '협력하기'의 정도에 따라 다섯 가지 대응 유형이 나타난다.*

다섯 가지 유형 중 첫 번째는 경쟁형(competing style)이다. 이 유형을 가진 사람은 자기주장이 강하고 다른 사람과는 잘 협력하려 하지 않는다. 보통 자신이 믿는 진실과 가진 힘으로 상대를 제압하고 그를 통해 갈등을 일단락 지을 수 있다고 생각한다. 함께 갈등을 해결하기는 쉽지 않은 상대다. 적극적이어서 문제에 빨리 대응하는 건 장점이다. 하지만 자기주장과 이익에 지나치게 초점을 맞추고 다른 사람의 주장과 이익을 외면하는 건 치명적 단점이다. 그렇게 해서는 갈등 상대와 성실하고 진지하게 대화하기 힘들다. 자기 생각과는 달리 갈등을 빨리 해결할 수도 없다.

두 번째는 경쟁형과 반대되는 수용형(accommodating style)이다. 이 유형을 가진 사람은 자기주장을 거의 하지 않고 다른 사람의 주장을 잘 수용한다. 자기를 잘 표현하지 않는 성격 때문이기도 하지만, 다른 한편으로 그렇게 하는 것이 '좋게 좋게' 갈등을 해결하는 현명한 방법이라고 생각하기 때문이다. 자기주장을 삼가

---

* Kenneth W. Thomas and Ralph H. Kilmann, *Thomas-Kilmann Conflict Mode Instrument*, Consulting Psychologists Press, 1974.

고 상대의 주장을 잘 듣고 수용하기 때문에 상황을 악화시키지 않는 장점이 있다. 하지만 그것이 동시에 치명적 단점이 된다. 갈등을 해결하려면 모두의 이익을 충족하는 방법을 찾아야 하는데, 다른 쪽의 이익과 필요만 충족해주고 막상 본인의 이익과 필요는 충족하지 못하기 때문이다. 결국은 갈등을 해결하는 것이 아닌 눈앞의 위기와 문제만 모면하는 것으로 귀결된다. 그 결과 의도치 않게 갈등의 연장과 상황의 악화를 초래하기도 한다. 경쟁형한테는 비교적 쉬운 상대가 된다.

세 번째는 회피형(avoiding style)이다. 이 유형을 가진 사람은 적극적으로 자기주장을 하지도 않고 그렇다고 갈등을 해결하기 위해 상대와 적극적으로 협력하려 하지도 않는다. 때로는 갈등 상황이나 갈등의 존재 자체를 외면하고 상대와의 접촉도 회피한다. 삶에서 관계를 그 무엇보다 중요하게 생각하고 항상 주변 사람들을 의식하며 살아온 한국인들에게서 가장 흔하게 나타나는 유형이다. 눈앞에 닥친 문제를 외면하고 부인하는 태도 때문에 자신의 갈등에 적극적으로 대응하지 못한다. 그 결과 직장 상사나 집안 어른 등 다른 사람의 판단에 따르게 되곤 한다. 갈등에 적극적으로 대응하려는 사람들에게 이 유형을 가진 사람은 어려운 상대다. 하지만 회피하기 때문에 더 이상의 충돌을 피할 수 있는 건 장점이다. 갈등에 대해 깊이 생각하고 전략적 대응을 모색하기 위해 단기적으로 회피를 선택하는 사람도 있다. 하지만 회피하는 시간이 길어지면 갈등이 예상치 못한 방향으로 전개되거나 악화할 수 있다. 이 때문에 그야말로 전략이 필요하다.

네 번째는 타협형(compromising style)이다. 적당히 자기주장을 하고 적절한 선에서 협력도 하려는 유형이다. 이 유형의 사람들은 다른 사람의 의견을 수용하고 함께 협력해 갈등을 해결하려고 한다. 그렇다고 자기 이익과 필요를 포기하지는 않는다. 이들은 누구도 백 퍼센트 자기가 원하는 대로 문제를 해결할 수는 없다고 생각한다. 그러므로 자신도 상대도 어느 정도 선에서 서로 양보하는 게 현명하고, 그래야만 갈등을 해결할 수 있다고 생각한다. 바꿔 말하면 모두가 원하는 것을 최대한 얻기 위해 인내심을 가지고 오래 노력하지는 않겠다는 얘기다. 그러므로 상대가 적절한 선에서의 타협이 아니라 긴 대화와 협상을 통해 굳이 모두가 만족하는 해결책을 찾으려 한다면 협력을 포기할 수도 있다. 경쟁형이나 회피형보다는 협력적이다. 하지만 창의적인 해결책을 찾기 위해 상대와 장기간 긴밀히 노력할 만큼 협력적이지는 않은 유형이다.

다섯 번째는 협력형(collaborating style)이다. 이 유형을 가진 사람은 자기주장을 하면서 동시에 상대와 최대한 협력해 갈등을 해결하려 한다. 시간과 노력이 많이 들어도 상대와 충분히 의견을 나누고, 서로 최대한 만족하는 해결책을 찾을 때까지 대화와 협상에 최선을 다하려는 유형이다. 갈등을 해결하는 데 있어서 가장 이상적이고 바람직한 유형이다. 하지만 손바닥도 마주쳐야 소리가 나는 법이다. 한쪽이 이런 태도를 보이는데 다른 쪽은 전혀 그렇지 않다면 결국 갈등을 제대로 해결할 수 없다. 그러니 관건은 어떻게 다른 유형을 가진 사람이 협력형의 방식과 속도에 발맞추게 할 것이냐다. 다시 말해 어떻게 다른 유형이 협력형의 방식을 따를 때 자기 이익과 필요를 최대한 충족할 수 있다고 확신하게 만들 수 있느냐다. 협력형은 어떤 유형과도 협력할 수 있지만 다른 유형들은 강도 높은 협력을 통해 갈등을 해결하는 데 매우 또는 다소 소극적일 수 있기 때문이다. 그러므로 이 유형을 가진 사람에게는 특별히 진정성과 신뢰로 상대를 설득하는 능력이 요구된다.

지금까지 설명한 갈등 대응 유형을 이해할 때 한 가지 명심할 것이 있다. 각자의 유형은 자신과 비슷한 지위에 있고 힘도 비슷한 상대와 대립 및 갈등이 생겼을 때 제대로 나타난다는 점이다. 상대의 눈치를 보거나 자기를 억제할 필요가 없기 때문이다. 그렇지 않을 경우, 다시 말해 갈등 당사자들 사이에 지위나 힘의 차이가 큰 경우에는 상대적으로 지위가 낮고 힘이 약한 쪽은 자신을 자유롭게 표현하기 힘들다. 물론 지위가 높고 힘이 강한 쪽은 자기 생각과 행동을 그대로 드러낼 가능성이 크다. 다른 가능성도 있다. 지위나 힘이 우월한 것을 알고 자신의 본래 유형을 더 강화하거나 의도적으로 다른 유형의 방식을 시도할 수도 있다.

예를 들어 자기가 상대보다 더 힘이 있다고 생각되면 자신의 본래 성격과 다르게 적극적으로 자기 이익을 추구하는 경쟁형의 방식을 시도할 수 있다. 반면 상대적으로 힘이 없는 쪽은 자신의 성격과 상관없이 수용형이나 회피형으로 기울 수 있다.

갈등 대응 유형을 이해하는 건 두 가지 점에서 중요하고 유익하다. 하나는 자신과 상대의 유형을 알고 대응 전략을 짜기 위해서다. 갈등에 대응할 때 가장 중요한 건 싫어도 상대를 이해해야 한다는 건데 상대의 유형을 알면 대응 방법을 구체적으로 고민하는 데 도움이 된다. 또 상대의 대응 방식이 '이해하지 못할' 것이 아닌, 그 사람도 어쩔 수 없는 성격임을 알게 되면 오해를 줄일 수 있다. 다른 하나는 상대에게 잘 대응하기 위해 자신의 유형을 조금씩 변주하기 위해서다. 갈등은 상대가 있는 문제이기 때문에 어떻게 상대에게 효과적으로 대응하느냐가 중요하다. 상대의 유형이 자신에게 버겁다면 자신의 유형을 조금 변주해보는 것도 잘 대응하는 방법이다. 예를 들어 경쟁형에게는 좀 더 적극적으로 대응하고, 회피형에게는 인내심을 가지고 기다리는 모습을 보여줄 필요가 있다. 수용형에게는 원하는 것이 무엇인지 물어야 하고, 타협형에게는 최대한의 만족을 얻을 수 있는 방법을 함께 고민해보자고 제안할 수 있다. 협력형에게는 시간 부족이나 주변의 압력 등 현실적인 제약을 공유하고 이해를 요청할 수 있다. 갈등에 대응할 때 가장 중요한 건 갈등을 피할지 다룰지,

그리고 얼마나 적극적으로 다룰지를 결정하는 것이다. 그때 참고할 수 있는 것 중 하나가 바로 각자의 갈등 대응 유형이다.

갈등 대응, 나에게 얼마나 중요한가?

갈등을 피하는 게 항상 부정적인 건 아니다. 그렇다고 적극적으로 다루는 게 항상 긍정적인 것도 아니다. 어떤 대응이 자신의 현재와 미래를 위해 더 이로운지를 생각하는 게 현명하다. 갈등을 피할지 다룰지 결정할 때 가장 먼저 생각할 건 그 문제가 자신에게 왜, 얼마나 중요한지다. 갈등이 생기면, 그것도 자주 접촉하거나 매일 얼굴을 보는 사람과 대립하게 되면 누구든 당황스럽기 마련이다. 이런 상황에서는 많은 사람이 본능적으로 불편한 상황을 회피하려 한다. 그래서 갈등에 소극적으로 대응하는 것이 낫다고 생각한다. 무엇보다 갈등 상대는 물론 주변 사람들과의 관계가 나빠지지 않을까, 주변 사람들이 자신을 안 좋게 평가하지 않을까 염려하기 때문이다. 대응한다 해도 최대한 조심스럽게, 그리고 되도록 갈등이 주변에 알려지지 않게 하려고 한다. 하지만 아무리 조심해도 갈등은 어떤 식으로든 표출되기 마련이고, 자신이 조심해도 상대의 태도와 행동 때문에 주변에 알려지기도 한다. 갈등은 혼자만의 노력이나 결단으로 통제되지 않는다. 주변을 고려하는 건 대응의 핵심이 아니다. 핵심은 갈등이 자신에게 정말 중요한지, 그렇다면 왜 그런지다. 이것을 따져보는 것이 갈등 대응에서 제일 먼저 할 일이다.

갈등 대응과 해결이 자신에게 중요한지 아닌지, 왜 중요한지는 어떻게 판단할 수 있을까? 몇 가지를 스스로 질문하고 답을 찾아보면 알 수 있다.

첫 번째 해야 할 질문은 갈등이 자신을 '매일 불편하고 불안하게 하는가?'이다. 직장, 대가족, 동호회, 친구 집단 등에서 만난 사람과 갈등이 생기면 상대와의 관계뿐만 아니라 주변의 간섭과 압력도 부담이 된다. 그래서 아주 불편하고 불안한 상황에 직면할 수밖에 없다. 어떤 이유로든 매일 힘들고 마음이 복잡하다면 갈등이 그만큼 중요한 일이 됐다는 증거다. 서먹해지거나 단절된 갈등 상대와의 관계, 주변 사람들의 간섭과 압력, 그로 인한 자신감과 자존감 저하 등으로 인해 불안한 일상이 지속된다면 갈등에 대응해야 하는 이유가 있다고 볼 수 있다. 간헐적으로 스트레스를 받을 뿐 참을 만하면 견뎌도 된다.

두 번째로 자신에게 물어야 할 건 갈등 상대와 '계속 아무 일도 없는 것처럼 지낼 것인가?'이다. 평소 자주 만나지도, 일을 함께하지도 않는 사람과의 갈등은 외면하거나 모르는 척해도 크게 불편하지도 불안하지도 않다. 하지만 매일 또는 자주 보고 일도 함께하는 사이에서는 그러기가 힘들다. 아무 일도 없는 것처럼 지내는 것이 사실상 불가능하다. 그러므로 추가 질문을 더 해보는 게 좋다. 그것은 '자주, 계속 봐야 하지만 외면할 것인가?' 또는 '자주, 계속 봐야 하기 때문에 대응할 것인가?'다. 후자는 결국 갈등이 왜 중요한지와 관련돼 있다. 사실 많은 사람이 이래저래 생긴 갈등을 그냥 안고 살아간다. 일 년에 한두 번 보는 사이에서 생긴 갈등은 외면한다. 갈등 상대를 만날 가능성이 있는 모임에 가지 않으면서 갈등을 잊으려고 하기도 한다. 하지만 직장, 동호회, 대가족, 종교집단 등은 완전히 외면할 수 없고, 그래서 갈등 상대와 주기적으로 마주칠 수밖에 없는 경우가 있다. 그런 경우 후자의 질문을 진지하게 묻고 답을 찾아봐야 한다.

세 번째로 진지하게 물어야 할 건 갈등이, 그리고 그로 인해 수면으로 떠오른 문제가 자신의 '미래에 영향을 주는가?'다. 이것은 갈등으로 인해 현재 겪는 어려움과 도전이 왜 생겼는지, 다시 말해 갈등의 원인이 무엇인지와 관련돼 있다. 갈등의 원인은 흔히 관계를 유지하고 소통하는 방식과 관련되어 있다. 상호 존중과 배려가 없거나, 각자의 이익만 추구하거나, 지나치게 경쟁적이거나, 소통이 아닌 어느 한쪽이 주도하거나 하는 등의 관계는 바람직하지 않다. 건강하게 지속하기도 힘들다. 갈등은 그런 문제에 대한 성찰의 기회를 제공한다. 관계의 어떤 점이 갈등의 원인이 됐는지, 어떻게 변해야 관계가 건강해지는지, 구체적으로 무엇을 해야 하는지 등을 성찰할 기회가 된다. 이런저런 문제에 대한 성찰은 곧 자신의 '나은 미래', 나아가 자신과 상대의 나은 미래 관계에 대한 성찰로 이어질 수밖에 없다. 갈등이 그런 나은 미래에 영향을 주는지, 그것이 자신에게 중요한 문제인지 묻고 답해야 한다.

복잡하게 이런저런 고민 할 것 없이 그냥 끝까지 버텨보는 방법도 있다. 위의 질문들에 스스로 답을 해보고 설사 '나에게 중요하다'는 답을 찾았어도 힘들거나 어쩔 수 없어서 갈등을 외면할 수도 있다. 실제 많은 사람이 그런 선택을 한다. 하지만 그럴 때조차도 최소한 얻을 것과 잃을 것이 무엇인지는 따져봐야 한다. 또한 잃을 것이 얼마나 자신의 일상과 미래에 중요한지도 따져봐야 한다. 적어도 그 정도는 따져본 후 갈등을 피할지 다룰지 결정하는 것이 현명하다. 그리고 그 선택은 주체적이어야 한다. 관계가 더 나빠질까 두려워 또는 주변의 눈치를 보느라 소극적으로 대응하는 건 좋은 선택이 아니다. 그리고 때로는 아무것도 하지 않는 것보다 노력하다 중단하는 것이 나은 선택이 될 수 있다.

가까운 사람에게 하소연하지 마라

갈등이 생겼을 때 많은 사람이 하는 일 중 하나는 가까운 사람에게 하소연하는 것이다. 말이 하소연이지 사실은 자기편을 찾으려는 행동이다. 그래서 보통은 같은 집단에 속해 있거나 자신과 갈등 상대 모두와 친분이 있는 사람에게 하소연을 한다. 하소연을 듣는 사람은 친밀한 사람일 수도 아닐 수도 있다. 하소연하는 내용은 보통 갈등이 생기고 전개되는 과정에서 생긴 불합리하고 불공정한 일이다. 물론 주관적 판단에 의한 것이다. 목적은 상대의 태도와 행동에 문제가 있었음을 알리고 자신의 태도, 행동, 대응은 정당했음을 강조하는 것이다. 갈등이 생기고 계속되는 상황과 관련해 자신의 책임은 없거나 미미하고 상대의 책임이 크다는 것을 호소하려는 것이다.

주변 사람에게 하소연하는 것, 특히 자기편을 만들기 위해 갈등의 이유를 상대에게서 찾고 상대를 부정적으로 평가하는 것은 어찌 보면 인지상정이다. 하지만 그것이 갈등에 대응하는 현명한 방법인지는 고민해봐야 한다. 특히 상대의 비합리적이고 부정적인 면을 부각하고 자신의 합리적이고 긍정적인 면을 호소하는 것이 하소연의 가장 중요한 목적이라면 현명한 선택이 아니다. 그렇게 하는 하소연의 내용은 일방적이고 기껏해야 부분적 진실일 가능성이 크다. 듣는 사람에게 전체 상황이나 특정 사건을 객관적으로 분석하고 평가할 기회를 주지 않는다. 듣는 사람은 공감을 표시하고 편을 들어달라는 호소와 압력을 느낄 뿐이다. 물론 대다수는 '친구' 또는 '지인'의 의무로 공감을 표시하고 편들기로 답해야 한다는 걸 알고 있다.

주변 사람에게 호소하는 것은 두 가지 점에서 부정적 효과를 만들 수 있다. 하나는 갈등에 대응하고 해결을 모색하는 데 전혀 도움이 되지 않는다는 점이다. 갈등은 상대가 있는 문제이므로 갈등에 잘 대응하려면 상대와 어떻게 접촉하고 대화의 기회를 만들지를 고민해야 한다. 그러기 위해서는 스스로 갈등을 최대한 객관적으로 분석하고 해석하는 노력이 필요하다. 그런데 주변을 설득하는 데 관심을 두게 되면 갈등의 원인과 관련 문제를 객관적으로 분석하기보다 자신의 일방적 주장을 강화하는 일에 집중하게 된다. 자기도 모르는 사이에 자신이 완전히 정당하고 옳다는, 그리고 상대는 절대적으로 부당하고 틀렸다는 착시 현상이나 확증 편향에 빠질 수도 있다. 무엇보다 자신의 일방적 해석과 진실로 주변 사람들을 설득하고 편들기를 요구하는 건 상대와 대립을 강화하겠다는 태도이고, 실제로 상황을 그렇게 만들 수 있다.

다른 하나는 갈등을 악화시킬 수 있다는 점이다. 주변 사람들에게 호소하고 그들을 설득한다는 건 결국 상대를 비방하고 자기 정당성을 확보하겠다는 거다. 그런 태도와 행동은 듣는 사람에게 그대로 전해질 수밖에 없다. 문제는 갈등 상대도 그런 호소를 들은 주변 사람들을 알고 있거나 그들과 같은 집단에 소속되어 있다는 점이다. 그래서 의도적이든 아니든, 또는 악의가 있든 없든 그런 비방이 상대에게 전해질 가능성이 크다. '발 없는 말이

천 리를 간다'는 말이 있듯이 말이 번지면서 온갖 해석이 덧붙여질 가능성도 있다. 그렇게 되면 갈등은 악화할 수밖에 없다.

현명한 방법은 주변 사람들에게 하소연하거나 자기편을 들어달라고 하지 말고 갈등에 잘 대응하고 해결을 모색하도록 도와달라고 하는 것이다. 그러기 위해 갈등과 관련된 정보와 이야기를 공유하고 자신과 상대의 대립에 대한 객관적 분석과 평가를 요청할 수 있다. 좀 더 적극적인 역할을 기대한다면 자신과 상대가 대화를 하고 문제를 해결할 수 있도록 메신저 역할을 해달라고 요청해볼 수도 있다. 주변 사람들에게 자신에게만 공감을 표하고 자기편만 들도록 난감한 부탁을 하는 건 현명하지 못하다. 그보다 도움을 요청하는 게 현명하다.

물론 하소연을 들어주고 공감해주는 사람도 필요하다. 정말 그런 사람이 필요하다면 상대와 전혀 모르고 상대와 같은 집단에 속하지 않는 사람을 선택하는 것이 현명하다. 잘못하고 실수한 부분이 있어도 진심으로 이해해주고 직면한 어려움을 공감해주고 잘 헤쳐가길 격려해줄 사람을 골라야 한다.

조기 대응이 최선이다

갈등에 잘 대응하는 방법을 고민할 때 기본적으로 염두에 두어야 할 건 두 가지다. 하나는 갈등을 악화시키지 않는 것이고, 다른 하나는 대화를 통한 해결에 도움이 되게 하는 것이다. 어떤 대응이 됐든 두 가지와 모순된다면 대응하는 의미가 없다. 의도적으로 상대를 곤란하게 만들거나 상대에게 앙갚음을 할 대응 방법을 찾는 사람도 있다. 하지만 그건 갈등을 잘 해결하고 갈등 이전보다 나은 일상을 만들거나, 적어도 갈등 이전의 일상으로 복귀하겠다는 의지가 없는 것이다. 따라서 갈등을 해결하는 맥락에서 언급할 필요가 없는 방법이다.

갈등을 악화시키지 않는 대응 방법을 찾는다면 상대와의 대립이나 싸움을 이곳저곳에 알리는 게 아니라 당분간 냉정하게 복기하는 신중한 접근을 취해야 한다. 갈등과 대립을 나서서 알리는 건 결국 상대를 비방하는 일에 주력하는 것이 되기 쉽다. 비방하려는 의도가 없어도 상대는 그런 행동을 자기를 비방하려는 의도로 이해할 가능성이 크다. 그러면 갈등은 악화한다. 해결을 위한 대화의 가능성을 낮추거나 없애는 결과를 만들기도 한다. 그러니 갈등을 해결하지 않아도 되고 상대와 계속 적대적으로 지내도 상관이 없다면 모를까, 어떤 식으로든 갈등을 완화하거나 해결하기를 원한다면 해서는 안 되는 일이다.

설사 주변 사람들이 상대를 비방하고 자기편을 들더라도 그에 맞장구를 치지 않는 것이 현명한 대응이다. 주변 사람들과 함께 상대를 험담하고 욕하는 건 쉬운 일이다. 하지만 상대와 대화의 기회를 만드는 건 쉽지 않다. 그러니 거기에 부정적 영향을 줄 수 있는 행동은 하지 않는 게 좋다. 대화하기 위해서는 상대로부터 신뢰를 얻어야 하는데 다른 사람들과 함께 자기를 비방한 사람과 마주 앉아 대화하겠다는 사람은 없다. 그러니 자신의 행동과 말을 상대가 알았을 때 적어도 비난은 하지 않을 정도의 조심성을 가지고 행동해야 향후 상대와의 대화에 도움이 된다. 상대가 앞에 있다고 생각하면서 행동하고 말하는 수준까지는 할 수 없더라도 말이다.

갈등에 대응하는 가장 현명한 방법 중 하나는 조기에 대응하는 것이다. 조기 대응은 갈등의 조짐이 보일 때, 또는 자신과 상대 사이에 이견이 생기고 그로 인해 대립의 단계에 접어들 때 대립이 심해지지 않도록 적극적으로 대응하는 것을 말한다. 대립과 갈등이 본격화될지를 판단할 수 있는 근거는 보통 두 가지다. 평소 관계의 질이 어땠는지와 그동안 비슷한 또는 다른 일과 관련해 자주 이견이 표출되고 감정이 상한 적이 있었는지다. 관계의 질이 낮다면, 그리고 여러 번 이견과 감정이 충돌했다면 언제든 대립이 격화되고 풀기 힘든 갈등이 만들어질 가능성이 크다. 어느 한쪽은 이미 갈등이 심각하다고 생각할 수도 있다. 그러므로 감정싸움과 말싸움이 격해지기 전에 조기에 대응하는 것이 현명하다. 적극적인 태도로 이견이 생긴 이유를 찾아보고 상대에게 불편하게 생각하는 이유를 물어보는 것도 좋은 방법이다.

감정적 대결이 폭발할 때까지 기다리지 말고 당장 진지하게 얘기를 나누는 기회를 만들어보는 것도 좋다. 갈등이 막 만들어진 시점에서 대응하면 갈등이 악화했을 때보다 마음을 터놓고 솔직하게 대화할 가능성이 크다.

같은 맥락에서 사과의 중요성과 효과에 대해 생각해보는 것도 의미가 있다. 대다수 한국인이 사과에 인색하다. 가까운 사이나 자주 접촉하는 사이에서는 더 인색하다. 그래서 가족, 동료, 친구에게 솔직하게 자기 실수나 잘못을 인정하고 사과하는 경우가 흔치 않다. 사과에 인색한 이유는 사과를 별것 아닌 일로 생각하거나, 습관이 되어 있지 않아 쑥스럽거나 어색한 일로 생각하기 때문이다. 그런데 별것 아닌 것 같은 사과를 하지 않으면 그것이 갈등의 원인이 되기도 한다. 사소한 실수나 감정 억제를 하지 못한 것에 대해 즉시 또는 늦지 않은 때에 사과하면 감정적 대립과 갈등을 막을 수 있다. 하지만 그 시점을 놓치면 감정적 앙금이 쌓이고 다른 문제와 얽혀 갈등으로까지 이어질 수 있다. 그러므로 조기 대응을 할 때는 이 점을 고려하는 것도 중요하다. 이전에 또는 최근의 상황에서 상대의 감정을 자극하거나 실수를 한 적이 있었는지 생각해보고 그에 대해 진심으로 사과해 그 일은 일단락 짓는 것이 좋다. 그래야 묵은 감정이 갈등에 영향을 미치고 그로 인해 대립이 격해지는 것을 막을 수 있다. 그렇다고 가볍게 또는 무조건 사과하는 건 바람직하지 않다. 사과가 상대에게 갈등

과 관련된 문제를 어떻게 다뤄도 상관이 없다거나 불이익을 당
해도 괜찮다는 잘못된 메시지나 신호를 줄 수도 있기 때문이다.
주로 버겁거나 자신보다 힘이 있는 상대와 문제를 따지고 대립
하는 걸 피하려고 쉽게 사과를 하는 사람들이 있다. 하지만 어려
운 상황을 피하고 문제를 봉합하기 위해 하는 사과는 오히려 진
지하게 토론하고 대화할 기회를 없애고 문제를 더 복잡하게 만
들 수 있다. 사과가 필요한 때와 문제를 분석하고 따져야 할 때를
가리는 게 중요하다.

자기 탐구를 위한 Tip
당황스럽고 무섭고 짜증 나서 갈등을 피하고 싶다면

자신에게 갈등이 생기면 대부분이 당황스러워한다. 이성적으로 생각하면 갈등은 어디서나 누구에게나 생기는 일이고, 이론적으로 보면 반드시 부정적인 일만은 아니다. 잘 대응하면 상대와의 관계는 물론 갈등에 원인을 제공한 환경을 바꾸는 기회가 되기 때문이다. 하지만 막상 갈등을 대면하면 알고 있어도 그런 생각은 잘하지 못한다. 당황스럽고 무섭고 짜증도 나서 피하고 싶어진다. 특히 가깝게 지내던 사람과의 사이에서 갈등이 생기면 어찌할지 몰라 불안감을 느끼게 된다. 그래서 이성적인 판단과 대응을 하지 못한다. 최상의 상태인 자신보다 부족한 상태의 자신을 더 드러내게 된다. 지금까지 갈등에 대응했던 자신의 모습을 생각해보면 나은 방법으로 대응할 수 있는 답을 얻을 수도 있다. 그러기 위해 자신에게 아래의 질문을 해보는 것도 좋다.

☐ 갈등이 생겼음을 알았을 때 가장 먼저 느끼는 감정은 무엇이고 왜 그런 감정을 느끼는가?

☐ 갈등을 해석하고 이해할 때 이성적 판단에 더 의존하는가,

감정적 상태에 더 의존하는가?

☐ 스스로 만족스럽게 또는 만족스럽지 않게 생각하는 자신의
갈등 대응 방식은 무엇인가?

☐ 자신의 대응 방식 중 고쳐야 한다고 생각한 점이 있었나? 그
렇다면 왜인가?

상대에 대한 자신의 감정과 판단의 근거를 알기 위해 아래와
같은 질문도 필요하다.

☐ 보통 나를 불편하거나 두렵거나 화나게 만드는 상대의 문제
는 무엇인가?

☐ 보통 상대와의 다툼과 대립에서 내가 가장 지키고자 하는 건
무엇인가?

☐ 갈등 상황에서 나에게 중요한 것을 얻거나 지키기 위해 상대
에게 먼저 다가간 적이 있는가? 왜 그렇게 했나? 또는 왜 그
렇게 하지 않았나?

갈등에 대응한다는 건 상대에게 대응하는 것이다. 다음의 두
가지를 생각하면 상대에 대한 적대적이고 감정적인 대응을 조

금 누그러뜨릴 수 있다. 하나는 상대는 나와 똑같이 '갈등'이라는 어려운 과제를 안게 된 사람이라는 점이다. 다른 하나는 상대하고만 '나의 갈등'을 해결할 수 있다는 점이다. 무엇보다 상대를 '적'이 아니라 생각과 성격이 다른 사람으로 보려고 노력하는 게 도움이 된다. 그것이 자신의 신체적, 정신적 건강을 위해서도 좋다. 기본적인 대응 원칙과 방향을 정하는 데도 도움이 된다.

소통과 대화는 어떻게 할까?

갈등 극복하며 살아가기

4장

소통이 잘 안 되어서 문제가 생겼나?

주변에서 '말이 안 통해', '벽창호야', '왜 말을 못 알아듣지?' 같은 말을 종종 듣는다. 누군가가 자기 말과 의도를 못 알아듣는 것을 하소연하는 얘기다. 흔히 친밀하지 않은 사이, 신뢰가 아예 없거나 깨진 사이, 다툼이 있는 사이의 사람들이 하는 말이다. 누구나 한 번쯤 해보는 말이기도 하다. 한마디로 소통이 안 된다는 얘긴데, 왜 그럴까?

소통하려고 하는 가장 큰 이유는 자기를 상대에게 이해시키기 위해서다. 먼저 상대가 자신을 잘 이해해야 자신도 상대를 이해해줄 수 있다고 생각한다. '오는 게 있어야 가는 게 있다'는 식이다. 소통이 안 된다고 생각되면 자신을 이해하지 않으려는 상대의 불성실한 태도와 불통을 야기하는 행동을 지적한다. 그런 생각과 행동은 소통에 대한 이해 부족에서 비롯된 것이고 소통을 가로막는 걸림돌이 된다.

소통은 서로 생각과 뜻을 전달하고 이해하는 것을 말한다. 그러니 소통은 상호적이다. 두 사람 사이에 소통이 잘된다는 건 두 사람 모두 서로 의사를 잘 전달하고 상대를 잘 이해한다는 의미다. 주고받기를 잘하고 공동으로 노력해야 이런 결과가 생긴다. 상대가 나의 말이나 행동을 이해하지 못하고 딴 얘기를 한다는 건 내가 소통에 실패했음을 의미한다. 상대가 의도적으로 이해하지 않으려 할 수도 있다. 그렇다 하더라도 절반의 책임은 내가 져야 한다. 상대의 의도적인 거부 또는 무관심한 대응은 나에 대한 것이고, 그것을 고려하지 못한 나의 소통 방식과 시도에도 문제가 있기 때문이다. 결국 소통을 이해할 때, 그리고 소통을 잘하려고 할 때 기억해야 할 한 가지는 소통의 결과에 대한 절반의 책임은 자신이 지겠다는 자세다.

소통이 '잘된다'라는 건 서로 상대가 전달하고자 하는 생각과 의도를 그대로 이해한다는 의미다. 이것은 상대의 생각과 의도에 동의하는 것을 의미하지 않는다. 동의할 수도 안 할 수도 있다. 오히려 그에 상관없이 상대에게 자신의 동의 또는 비동의를 전달하는 것을 의미한다. 덧붙여 다른 생각을 전달할 수도 있다.

어떻게 답을 하든 상대의 생각과 의도를 잘 이해하고 답했다면 소통을 잘한 것이다. 그런데 소통이 안 된다면 그것은 한쪽 또는 양쪽 모두가 상대를 이해하고자 하는 의지가 부족하거나 아예 없어서일 가능성이 크다.

소통은 갈등과 깊은 관련이 있다. 소통이 잘되는 사이에서는 갈등이 잘 생기지 않는다. 이견과 오해가 있어도 적극적인 소통을 통해 서로를 이해하려고 노력하기 때문이다. 또 친밀한 사이 또는 신뢰가 깊은 사이에서는 보통 소통도 잘된다. 그래서 쉽게 갈등이 생기지 않는다. 반면 소통이 잘 안 되는 사이에서는 사소한 이견으로도 갈등이 생길 수 있다. 물론 거기에는 이미 어긋나버린 관계, 무너져버린 상호 신뢰, 관계 복원에 대한 기대의 부재 등 여러 요인이 있을 수 있다. 그런데도 소통을 개선하기 위해 서로 노력하면 적어도 갈등 관계로 변하는 걸 막을 수 있다. 반면 아예 소통을 포기하고 의도적으로 이해하지 않으려 하면 소통이 더는 작동하지 않아 쉽게 갈등이 생길 수 있다.

소통은 갈등을 만드는 원인이 되지만 동시에 갈등을 해결하는 데 결정적 역할을 한다. 갈등을 해결하기 위해서는 당사자들이 접촉하고 마주 앉아 대화하면서 함께 해결책을 찾아야 한다. 이를 위해 먼저 필요한 게 소통이다. 갈등 때문에 소통이 단절됐다면 소통을 복원해야 한다. 단절되지는 않았지만 제대로 소통이 되지 않는다면 소통을 정상화해야 한다. 그러지 않으면 대화도,

해결책을 찾는 것도 불가능하다.

하지만 모든 문제나 갈등의 뿌리에 반드시 소통의 문제가 있는 건 아니다. 겉으로 보기엔 소통이 문제인 것 같지만 사실은 그렇지 않을 수도 있다. 한 가지 사례를 생각해보자.

대학 내 특별 프로젝트 사무실에서 근무하는 두 명의 대학원생이 있다. 둘은 업무와 관련해 최소한의 소통만 하고 사적으로는 거의 말을 섞지 않는다. A는 외향적이고 사교적이다. 사무실 내 거의 모든 사람과 사이가 좋은 편이다. 출근할 때는 종종 다른 사람의 커피까지 사 오곤 한다. 반면 B는 내성적이고 말이 없다. 어떨 때는 무뚝뚝해 보이기도 한다. 하지만 할 일은 흠잡을 데 없이 잘한다. 담당교수는 한참 지난 후에야 둘 사이가 심상치 않음을 알게 됐다. 하지만 섣불리 개입할 수 없어서 그냥 모르는 척했다. 그런데 어느 날 A가 담당교수를 찾아와 B와 일하는 게 힘들다고 말했다. B의 무뚝뚝하고 비사교적인 성격에 자신이 맞추면서 일을 해야 한다는 것이었다. 담당교수는 B를 불러 A와 무슨 불편한 문제가 있는지 넌지시 물었다. 그것이 B를 자극했다. B는 자신도 A 때문에 힘들다고 했다. 자신의 성격을 지적하며 친절함과 상냥함을 강요한다는 것이었다. 일과 관련 없는 A의 그런 요구가 몹시 불쾌하다고도 했다.

둘 사이에 문제가 생긴 건 소통이 잘 안 됐기 때문일까? 그럴 수 있다. 그럼 둘 사이의 소통만이 문제였을까? 그건 아닐 가능성이 크다. A는 특유의 사교적이고 외향적인 성격으로 사람들과 사적인 친분까지 쌓으면서 일하고 있다. A에겐 그게 중요할 수 있다. 하지만 B는 일에만 집중하고 굳이 사적인 친분에는 관심이 없다. 그런데 사무실 동료들과 조직문화는 A의 성격, 태도, 행동에 더 수용적이고 관대했을 가능성이 크다. 그런 이유로 A의 주장, 그리고 B에 대한 A의 평가가 동료들에게 더 호소력을 가지게 됐을 것이다. 담당교수조차 A의 말을 신뢰하는 듯했으니 말이다. 그런 개인과 조직의 무언의 지지, 그리고 조직문화로 인해 A의 소통 방식은 정당화되고 B의 방식은 문제시됐을 수 있다. 그렇다면 A와 B 사이에 생긴 문제의 근본적인 원인은 둘 사이의 소통 문제가 아니라 일방적으로 한쪽 편을 든 조직문화와 동료들이다.

위 사례에서 두 사람은 성격과 소통 방식이 확연히 다르다. 그런데 한쪽이 자신과 다른 성격과 소통 방식을 인정하지 않았고 그로 인해 갈등이 생겼다. 하지만 진짜 문제는 개인의 특성을 인정하지 않고 선호하는 태도와 행동을 강요하는 개인, 동료들, 그리고 조직문화다. 사례가 보여주는 건 집단 안에서 개인 사이에 문제가 있어도 쉽게 둘 사이의 소통 문제라고 단정하지 않아야 한다는 점이다. 그러면 조직의 문제를 개인화하고 더 큰 문제를 외면하는 실수를 저지를 수 있다. 나아가 의도했든 아니든 구조적 문제를 덮기 위해 개인의 문제를 핑계로 삼는 악의적인 일이 생길 수 있다.

논쟁이 아니라 대화가 필요하다

대화는 '서로 이야기를 주고받는' 것을 말한다. 대화를 의미하는 영어 단어로는 talk, conversation, communication 등이 나열된다. 그런데 갈등해결, 문제해결 등과 관련해 언급되는 대화는 dialogue를 말한다. 이것은 이견이 있는 문제에 대해 서로 의견을 교환하고 깊게 논의하는 것을 말한다. 최종 목적은 이견을 조율한 후 함께 인정할 수 있는 해결책을 찾는 것이다.

대화를 하는 이유는 서로 듣고, 배우고, 변화하기 위해서다.* 이것은 대화에서 자기 견해를 전달하는 것보다 상대의 얘기를 듣는 것이 더 중요함을 알려준다. 자신의 의견과 주장이 무엇인지, 왜 그렇게 말하는지, 어떤 경험과 근거를 가지고 있는지 등은 누구나 잘 알고 있다. 그러니 알아야 할 건 상대의 의견과 주장이고, 어떤 경험과 근거에서 왜 그렇게 말하는지다. 대화는 결국 상대의 생각을 알고 그것을 자신의 생각과 비교하고 성찰하기 위해 필요하다.

---

* 정주진, 『갈등은 기회다』, 개마고원, 2016, pp. 188-191 참고.

'듣는다'는 건 상대에 대한, 그리고 갈등이나 대립을 만든 문제에 대한 자신의 선입견과 편견을 버리고 상대의 해석, 의견, 주장을 그대로 듣는 것을 말한다. 그러니 듣는 척을 하는 게 아니라 마음을 열고 집중하면서 들어야 한다. 자신이 잘 듣고 있는지를 알 수 있게 해주는 건 질문이다. 자기 생각과 다른 상대의 얘기를 듣다 보면 자연스럽게 전체 문제에 대해, 또는 특정한 사건에 대해 상대가 왜 그렇게 생각하는지 궁금해질 수 있다. 그때 질문을 해야 한다. 더 잘 이해하기 위해 하는 질문은 얼마나 마음을 열고 신중하게 듣고 있는지를 보여준다. 많은 사람이 상대의 말과 행동을 자신의 지식, 경험, 선입견 등의 잣대를 적용해 판단하려고 한다. 왜 그렇게 생각하는지 상대에게 확인해야 한다는 생각조차 하지 못한다. 진정성 있고 예의 바른 질문은 그런 주관적 판단의 위험에 빠지는 것을 막아준다. 상대의 생각은 물론 둘러싼 환경까지 전체적으로 이해할 수 있게 해준다.

'배운다'는 건 상대를 통해 새로운 사실, 경험, 지식 등을 알게 되는 것을 말한다. 어떤 갈등이든 그에 대한 이해, 원인의 진단, 해결 방안 등에 대한 생각은 사람마다 다르다. 삶의 경험과 가진 지식이 다르기 때문이고, 그래서 그것이 오히려 자연스럽다. 자기가 원하는 대로 됐을 때 얻을 이익과 그렇게 되지 않았을 때 볼 손실에 대한 계산이 포함돼 있기 때문이기도 하다. 갈등은 함께 해결해야 할 문제이기 때문에 당연히 상대의 생각을 알아야 한다. 그런데 대화를 통해 배우는 것은 문제에 대한 상대의 생각에 국한되지 않는다. 자신과는 다른 한 사람의 삶의 가치와 필요, 세상을 보는 눈, 살아가는 방식도 배울 수 있다. 설사 동의할 수 없는 부분이 있다 할지라도 자신과 갈등을 겪고 있는 사람을 제대로 이해할 수 있다. 좀 더 마음을 열면 자신이 알지 못했던 다양한 삶의 모습을 배울 수 있다. 상대로부터 배우고, 동의할 수 없어도 상대를 있는 그대로 인정하는 건 갈등을 만든 문제를 해결하려 할 때 반드시 거쳐야 할 과정이다. 하지만 가장 쉽지 않은 일이다. 상대에 대한 반감과 미움이 크다면 더욱 그렇다. 이때 상대를 탐구하고 다른 의견과 주장을 통해 새로운 것을 알아간다는 자세로 접근하면 주관적인 판단과 부정적인 감정을 통제할 수 있다. 동시에 객관적인 분석력을 높일 수 있다.

'변화한다'는 건 상대의 의견과 주장을 듣고 새로운 사실을 확인한 후 자신의 의견과 주장을 수정하거나 바꾸는 것을 말한다. 어려운 일이고 쉽게 일어나는 일이 아니다. 하지만 갈등을 잘 해결하기 위해서는 불가피한 일이다. 진정성을 가지고 상대의 얘기를 경청하고 문제해결에 초점을 맞춰 생각하면 자연스럽게 경험할 수 있는 일이기도 하다. 상대를 이해하기 위해 대화를 하면, 또한 문제를 전체적으로 이해하기 위해 대화를 하면, 갈등에 대한 이해, 원인에 대한 분석, 바람직한 해결책 등에 관해 다른 해석과 선택이 가능함을 알게 된다. 또한 자신의 이해와 판단이 갈등의 전체 그림에서 일부에 불과하다는 것을 알게 된다. 다른 일부, 즉 자신의 것과 다른 부분이 보태져야 전체 그림이 완성될 수 있다. 그러므로 자신의 생각과 주장은 수정되거나 변경될 수밖에 없다. 하지만 자신의 생각과 주장이 단지 일부에 불과함을 알면서도 상대의 생각과 주장을 수용하고 자기 것을 바꾸기를 거부하는 사람이 많다. 다른 생각과 주장을 수용하든 안 하든, 그리고 자기 것을 바꾸든 안 바꾸든 그건 각자 선택할 일이다. 하지만 알면서도 바꾸지 않으면, 그리고 상대의 생각과 주장을 수용하거나 인정하지 않으면 대화도, 갈등의 해결도 힘들다.

흔히 대화를 논쟁과 혼동한다. 논쟁은 대화와 반대되는 특징을 가진 것으로 이해하면 쉽다. 논쟁의 목적은 듣고, 배우고, 변화하는 것이 아니다. 논쟁할 때도 듣긴 하지만 상대를 이해하기 위해서가 아니다. 실수나 잘못을 지적하고 공격하기 위해 듣는다. 상대의 생각을 더 잘 알기 위한 질문도 하지 않는다. 질문을 하기는커녕 상대가 실수한 부분을 진실로 바꿔 자신의 주장을 합리화한다. 상대에 대해 또는 상대로부터 배우려는 노력도 하지 않는다. 반대로 상대에게 자신의 의견과 주장을 배우고 무조건 수용하라고 요구한다. 변화의 가능성은 생각조차 할 수 없다. 오히려 자신의 생각과 주장이 확고하고 절대 변할 수 없는 것임을 강조한다. 그래야 상대를 압도할 수 있기 때문이다. 논쟁의 목표는 이기는 것이다. 그러기 위해 상대를 비난하고 공격하는 것을 전혀 이상하거나 어색하게 생각하지 않는다.

많은 사람이 대화가 필요할 때 논쟁을 한다. 상대에게 자신의 생각이 옳고 자신의 주장이 진실이며 자신이 제시하는 것이 해결책임을 강하게 얘기한다. 그래야 결국 갈등도 문제도 해결할 수 있다고 생각한다. 사실은 반대로 상호 적대감과 공격을 강화하는 선택인데 말이다. 자기주장만 하는 사람과 얘기하고 싶은 사람은 없다. 그렇게 해서 해결책이 만들어지지도 않는다. 해결책은 싸움을 멈추고 함께 논의하고 합의해야 만들 수 있다. 그런데 논쟁은 계속 싸우자는 신호를 보내는 것과 같다.

대화할 때 가장 필요한 건 진정성 있는 태도와 행동이다. 대화의 목적이 서로 듣고, 배우고, 변화하는 것이라고 하지만 사실 그렇게 하는 건 너무 어려운 일이다. 마음을 열고 대화를 해본 적이 없는 사람에게는 거의 불가능해 보이는 도전이기도 하다. 그럼에도 갈등을 해결해야 한다는 절박감이나 갈등으로 변한 관계를 회복해야 할 필요가 크다면 당연히 가능한 일이다. 그런데 제대로 대화를 하는 건 한 번의 만남이나 가식적이고 상투적인 말 주고받기로 되는 일이 아니다. 제대로 대화를 할 수 있을 때까지 생각보다 오랜 시간이 걸리기도 한다. 그래도 진정성 있는 태도와 행동을 유지해야 한다. 항상 진지한 태도로 대화 자리에 앉아 최선을 다하고 조심스럽게 행동해야 한다. 비록 처음엔 말을 섞기도 어렵고 상대의 얘기를 받아들이기 힘들더라도 말이다. 진정성이 생기지 않는다면 잘 듣는 척하는 연기라도 해야 한다. 그러다 보면 정말 잘 들을 수 있고 호기심이 생겨 진심으로 궁금한 점을 물을 수 있다. 문제를 해결해야 할 필요가 크다면 대화 외에 다른 방법은 없다. 그러므로 힘들더라도 최선을 다해 노력하고 행동으로 보여주는 수밖에 없다.

대화는 어떻게 시작할까?

대화는 마주 앉아야 가능하다. 꼭 얼굴을 마주 보고 앉아야 하는 건 아니지만 어쨌거나 두 사람이 한 공간에 함께 있어야 가능하다. 하지만 대화를 위해 두 사람이 한자리에 있는 게 쉽지 않다. 갈등이 어느 수준이냐에 따라 달라지겠지만 일단 갈등이 생기면 보통 상대와 얼굴을 보고 얘기하는 것을 꺼리기 때문이다. 갈등이 악화일로라면 더 힘들다. 모두 대화보다는 서로에 대한 비난과 공격에 더 관심이 있다. 그렇게 하면 자신의 진실이 힘을 얻고 승리하리라고 확신한다. 그러니 어떤 식으로든 상대와 직접 접촉하는 것을 거부한다. 자신이 먼저 대화를 제안하거나 수용하면 상대에게 약한 모습을 보일 수 있다고 생각하기도 한다. 상대에게 해결책을 수용할 준비가 되어 있다는 잘못된 메시지를 줄 수 있다고 우려하기도 한다. 그래서 전략적인 면에서도 대화를 거부한다.

당사자들에겐 이것이 딜레마다. 대화는 하기 싫고, 그런데 대화를 하지 않으면 갈등을 해결할 수 없다는 것을 안다. 아무 명분이나 실익이 없는데도 당장 싸움을 중단할 수 없고, 그렇다고 언제까지 싸움만 할 수도 없는 일이다. 이성으로는 어쨌거나 대화가 필요하다고 생각한다. 하지만 자신이 먼저 제안하거나 숙이고 들어가는 모습은 보이기 싫어한다. 이런 복잡한 이유로 대화를 시작하는 건 아주 힘들다. 당사자들은 물론이고 주변 사람들조차 대화로 갈등을 해결하는 건 불가능하다고 생각한다. 이때 선택은 결국 두 가지다. 대화를 하지 않고 갈등도 해결하지 않는 것, 또는 어떤 식으로든 대화를 시작하고 갈등의 해결을 시도하는 것이다.

대화를 하고 싶다면, 그리고 반드시 해야 한다고 생각한다면 대화를 시작할 방법을 적극적으로 찾아야 한다. 몇 가지 방법을 생각해볼 수 있다. 그중 첫 번째는 자신이 대화할 생각이 있다는 걸 상대에게 알리는 것이다. 즉 대화 의지를 직접, 또는 상대가 직접 보기나 소통을 거부한다면 주변 사람을 통해 전할 수도 있다. 상대가 대화 제안을 비난하더라도 대화를 하기로 마음을 정했다면 일관성 있게 메시지를 보내고 행동해야 한다. 그래야 진정성이 전달될 수 있다.

두 번째는 메신저 역할을 할 사람을 찾아 도움을 받는 방법이다. 메신저로는 자신과 상대를 모두 알고 있고 한쪽과 특별히 가깝지 않거나 모두와 똑같이 가까운 사람이 적절하다. 그래야 두 사람 모두 메신저를 신뢰할 수 있다. 메신저는 자신의 생각이 아니라 타인의 생각과 말을 전하는 사람이므로 언변이 좋은 사람보다 진지한 사람이 좋다. 또 자기 생각을 덧붙이거나 한쪽의 말을 왜곡해서 전달하지 않고, 모두의 비밀을 지켜주는 사람이어야 한다. 친구, 가족, 동료 같은 메신저를 통해 자신의 대화 의지를 전하고 상대의 생각을 타진할 수 있다. 물론 이렇게 해도 상대가 거부하고 대화 제안을 시간 끌기나 보여주기 같은 얄팍한 전술로 생각할 수 있다. 그래도 상대의 마음을 움직일 수 있을 때까지 시도할 수밖에 없다. 메신저를 통해 자신이 대화하고 싶은 이유와 대화를 통해 얻고 싶은 결과, 다시 말해 함께 해결책을 찾는 것이 목적임을 상대에게 전할 수 있다.

세 번째는 두 사람의 대화를 진행해줄 사람을 찾는 방법이다. 이 또한 두 사람 모두가 신뢰할 수 있고 중립적인 사람이어야 한다. 또 한국인의 일반적인 정서를 고려한다면 두 사람 모두보다 나이가 많은 사람이 적당하다. 직장 상사, 집안 어른, 공동 지인 등이 진행자 역할을 할 수 있다. 진행자와 함께 먼저 한 차례의 만남을 시도해보면 좋다. 두 사람 모두 진행자에 대해서 어느 정도 신뢰가 있다면 그 자리에서 또는 다음에 본격적인 대화를 시도해볼 수 있다. 그런 후 계속 대화를 할 것인지, 진행자를 두고 할 것인지, 직접 두 사람이 할 것인지 등을 결정할 수 있다.

대화하는 게 쉽지 않기 때문에 대화는 빠르면 빠를수록 좋다. 갈등이 막 생겼을 때, 그리고 서로 반감, 미움, 오해 등이 심각하지 않을 때 대화를 하면 아주 효율적이다. 크게 노력하지 않아도, 다른 사람의 도움을 받지 않아도 마주 앉아 대화하는 것이 가능하다. 일단 생긴 갈등은 적극적으로 대응하지 않으면 쉽게 악화하기 때문에 시간이 갈수록 대화는 힘들어진다.

마주 앉아서 대화를 시작했다면 반은 성공한 것이다. 함께 해결책을 찾기로 동의한 것이고, 따라서 해결책을 찾는 여정이 시작된 것이기 때문이다. 설사 대화를 도중에 중단하고 해결책에 대한 합의까지는 이르지 못하더라도 진정성을 가지고 임한다면 의미는 충분하다. 대화하기 전보다 서로에 대해 잘 알게 되고, 기회가 되면 다시 대화할 가능성도 생기기 때문이다. 좋은 대화의 경험을 만들기 위해서는 서로 비난하거나 공격하지 않는다는 최소한의 기본원칙을 합의한 후에 대화를 시작하는 것이 좋다. 그래야 한 번을 만나도 서로를 존중하고 안전한 환경에서 대화할 수 있다. 감정이 격해지면 누군가가 원칙을 어길 수도 있지만 적어도 합의한 것을 상기시키고 진정하도록 요구할 수 있다. 기본원칙에 대한 상세한 내용은 6장을 참고하면 된다.

그런데 상대가 계속 대화를 거부한다면 어떻게 할 것인가? 그런 상대에게 계속 대화를 하자고 메시지를 보내는 것이 바람직한가? 그런 시도가 결국 대화를 더 어렵게 만들지는 않을까? 대화가 쉽지 않은 만큼 자연스럽게 이런 질문이 생길 수 있다. 상대가 계속 대화를 거부한다면 먼저 자신의 의지를 재확인해야 한다. 그런 후 상대에게 접근하고 메시지를 전할 효율적 방법을 고민해야 한다. 갈등을 해결하기 위해 반드시 대화를 해야 한다고 생각한다면 그 원칙을 고수하면서 기다리고 인내해야 한다. 상대를 괴롭히는 건 안 되지만 적어도 자신이 계속 대화를 원하고 있음을 직접적 또는 간접적으로 메시지를 전달해 알려야 한다. 상대에 대한 공격이나 비난을 하지 않는 등 행동으로도 대화 의지를 보여줘야 한다. 언제 어떻게 대화의 기회가 생길지 모르기 때문이다. 대화 의지를 갖고 그에 맞게 행동하면 당장 대화는 할 수 없더라도 상대와의 대결을 완화하고 충돌을 피할 수 있다. 그렇게 되면 상대의 마음도 조금씩 누그러지고 대화의 가능성이 생길 것이다.

가해자와도 대화해야 하나?

적극적인 소통과 대화를 통해 갈등을 해결하는 것이 가장 바람직하고 현실적인 접근이지만 정말 그런지 의문이 드는 경우도 있다. 가해와 피해가 생겼을 때가 그렇다. 가해자와 대화를 해야 하느냐에 대해서는 조심스러운 접근이 필요하다. 개인의 가치관이나 종교적 신념 때문에 무조건 '좋게' 해결해야 한다고 생각하는 사람도 있다. 하지만 상황에 대한 세밀한 점검 없이 대화를 시도했을 때 정말 좋은 결과를 낼 수 있을지에 대해서 먼저 생각해봐야 한다.

우선 생각할 것은 '폭력이 있었느냐'다. 어떤 폭력도 정당화될 수 없다. 그러므로 폭력 여부를 판단할 때는 피해를 입은 쪽이 폭력을 유발했는지를 따지는 건 의미가 없다. 그리고 그런 질문은 피해자에 대한 또 다른 가해가 되는 경우가 흔하다. 자신이 피해자라면 그런 질문은 스스로에게 불필요하고 가혹한 일이 되고, 자신이 가해자라면 책임을 회피하려는 비겁한 시도가 된다. 폭언, 폭행, 주변 사람들을 동원한 따돌림, 조직이나 집단의 구조를 이용한 억압과 불이익 주기, 조직문화나 집단문화를 이용한 비난 여론 만들기나 꼬리표 붙이기 등이 모두 폭력에 해당한다. 그런 폭력이 있었다면 대화를 하지 않거나 최소한 유보하는 것이 좋다. 그런 일이 생겼다는 건 가해자와 피해자 사이에 힘의 차이가 있다는 것이고, 그런 상황에서는 두 사람이 제대로 대화를 하기 힘들다. 설사 가해를 한 쪽이 상냥하게 말을 건네도 그건 피해를 입은 쪽에게 협박이나 위선으로 받아들여질 가능성이 크다.

폭력이 있었는지를 판단할 때 또 다른 중요한 점은 판단의 기준이 얼마나 객관적인지다. 주관적으로 폭력이 있었다고 해도,

또는 반대로 없었다고 해도 그것이 객관적인 기준을 적용했을 때 당사자의 주장과 다를 수도 있기 때문이다. 이 객관적 기준은 특정 조직이나 집단에서 적용되는 기준이 아니라 사회 보편적으로 인정되는 기준을 말한다. 직장에서 상사가 부하 직원에게 촉박한 시한을 주며 어떤 일을 마치라고 강하게 말했다고 치자. 그 말을 들은 사람이 상사의 행동을 폭력이라고 주장한다면 그것이 강요나 폭력이 될 수 있는지 사회에 존재하는 여러 기준을 적용해 따져봐야 한다. 집단 내에서 여러 명의 문제 제기를 받은 지도자가 그것을 다수의 폭력이라고 주장한다면 그것 또한 맥락과 환경을 고려하고 보편적 기준을 적용해 따져봐야 한다.

갈등이 있었는지도 따져봐야 한다. 책의 초반에서 설명한 것처럼 갈등에는 상호작용이 있어야 한다. 그런데 가해와 피해가 있었다면 보통 한쪽이 다른 쪽보다 힘이 더 강하다는 얘기다. 그런 상황에서는 상호작용이 일어날 가능성이 거의 없다. 다시 말해 일방적 공격과 가해가 있었을 거라는 얘기다. 그렇다면 해결할 문제는 있어도 해결할 갈등은 없는 것이 된다. 문제의 해결에는 여러 가지 방법이 있을 수 있다. 특히 피해자의 안전을 고려한다면 직접 대화가 아닌 제3자의 개입이나 대리인을 통한 해결이 바람직한 방법이 될 수 있다. 대화는 두 사람이 신체적, 정신적, 심리적으로 안전한 환경에서 각자의 생각과 의지대로 말할 수 있을 때 가능하다. 그렇지 않다면 대화는 가장한 위험한 시도가 될 수 있다.

가해자와 피해자 사이에 대화가 가능할 수도 있다. 두 가지 경우가 그렇다. 하나는 가해자가 잘못을 뉘우치고 참회와 사과를 결심했을 때다. 물론 그런 경우라 할지라도 피해자가 안전하다고 느끼지 못한다면 대화를 할 수 없다. 가해자는 기다려야 하고 피해자는 충분한 시간을 가지고 독립적으로 결정할 수 있어야 한다. 물론 반드시 대화를 해야 할 의무도 없다. 누군가 대화를 강요한다면 그건 또 다른 폭력이다. 피해자가 대화에 응한다면 직접 가해자의 사과를 받고 일어난 피해를 어떻게 처리할지 논의할 수 있다. 물론 이때도 초점은 피해자가 만족할 수 있는 방식에 맞춰져야 한다. 다른 하나는 제3자가 참여해 대화를 하는 방법이다. 제3자는 대화를 진행하는 사람일 수도 있고, 자리를 지키고 충돌을 막으며 대화를 지지해주는 사람일 수도 있다. 이런 경우 제3자는 중립성을 가지게 된다. 또는 피해자가 혼자서 가해자와 대화하기 힘들어 대동한 사람일 수도 있다. 피해자가 허락한다면 가해자도 자기를 지지해줄 사람을 대동할 수 있을 것이다. 특히 대화를 진행하는 제3자는 중립적이지만 일어난 폭력에 대해서는 원칙적으로 따질 수 있는 사람이어야 한다. 기계적으로 중립성을 강조하며 피해자와 가해자 모두를 똑같이 대하는 건 폭력적 사건을 다루는 데 적절하지 않은 태도다. 당연히 피해자에게 더 관심을 쏟아야 한다.

폭력이 있었을 때 안전을 고려하지 않고 피해자와 가해자가 대화를 하는 건 위험하다. 또 다른 폭력이 생길 수도 있기 때문이다. 가정, 회사, 종교집단, 취미 모임 같은 다양한 조직이나 집단 내에서 폭력이 생겼을 때 불편함을 느낀 구성원들이 피해자와 가해자의 대화를 주선하는 것 또한 위험한 일이다. 그것은 피해자에게 심각한 문제를 비슷한 힘의 관계에서 생기는 '갈등'으로 생각하라는, 그리고 가해자와의 관계를 복구하라는 압력과 같기 때문이다. 대화는 갈등이나 문제를 해결하는 가장 기본적이고 원칙적인 방법이다. 하지만 폭력이 있었을 때는 피해자가 대화에 임할 충분한 자신감과 의지를 갖게 되기 전까지 주변에서 대화를 강요해선 안 된다. 피해자가 끝까지 대화를 거부하면 그 의사를 존중해야 한다. 가해자가 자신의 잘못을 뉘우치기 전까지는 주변에서 가볍게 대화를 권해서도 안 된다. 그것은 문제를 해결하는 것이 아니라 또 다른 심각한 문제를 만드는 일이다.

자기 탐구를 위한 Tip
상대와 소통과 대화를 잘하고 싶다면

갈등 상황을 마주했을 때 가장 힘든 점이 무엇인지 물으면 많은 사람이 상대에게 자신의 불편한 감정과 이견을 알리는 것이라고 말한다. 문제를 입 밖으로 드러내 말하면 갈등이 기정사실이 되고 상대와의 관계가 얼어붙어 돌아오지 못할 강을 건너는 건 아닌지 두렵다고 한다. 친구, 연인, 가족, 동료 등 친밀한 관계에서 이런 우려와 두려움은 더욱 크다. 작고 사소한 문제라도 상대와 해결을 시도하는 것이 힘들고 대화는 더더욱 힘들다고 말한다. 어떤 사람은 자신이 지적한 문제를 상대가 인정하지 않고 계속 다른 주장을 해서 대화가 이어지지 않는다고 말한다. 이런 경험 때문에 문제 제기도, 대화도 일찌감치 포기하곤 한다. 그런데 우려와 두려움, 문제 제기와 대화의 어려움은 모든 사람이 겪는 일이다. 갈등 상대가 나의 지적이나 주장을 받아들이지 않는 것 또한 자연스러운 일이다. 중요한 건 자신이 그런 상대에게 어떻게 대응하는지 분석하고 더 나은 대응 방식을 찾는 것이다. 갈등 상황과 상대를 마주할 때 자신이 힘들어하는 점이 무엇인지 알아야 한다. 그러기 위해서 아래의 질문들에 답해보는 것도 좋은 방법이다.

□ 감정적 대립이나 이견으로 불편함을 느낄 때 그것을 상대에게 얘기하는 편인가, 하고 싶지만 참는 편인가? 그러는 이유는 무엇인가?

□ 표현하는 데 어려움이나 두려움을 가지고 있다면 구체적으로 어떤 이유 때문인가?

□ 대립과 갈등이 있어도 직접적이든 간접적이든 소통은 유지하려고 하는 편인가? 그렇다면 또는 그렇지 않다면 왜인가?

□ 내가 먼저 대화를 제안한 적이 있는가? 어떤 경우인가?

□ 상대가 대화를 제안한 경우가 있는가? 어떤 경우이고 어떻게 대응했나?

□ 상대의 말을 끝까지 잘 듣는 편인가, 아니면 도중에 끊는 편인가? 그러는 이유는 무엇인가?

□ 상대의 말에 화를 내며 적대적으로 반응하는 편인가? 그렇다면 또는 그렇지 않다면 왜인가?

□ 상대의 말에 '인정한다', '나도 동의한다'라고 말해본 적이 있는가?

□ 상대의 지적을 받아들이고 '그건 내가 잘못했다', '미안하다'

라고 말해본 적이 있는가?

　자신에게 위의 질문들을 해보면 상대와 소통하고 대화를 하기 위해 개선하거나 갖춰야 할 점이 있는지 확인할 수 있을 것이다. 대립하고 갈등을 겪는 상대와 소통과 대화가 잘되지 않는 건 자연스러운 일이다. 동시에 노력을 통해 극복해야 할 점이기도 하다. 답을 통해 확인한 부족한 점을 채우는 연습이 필요하다. 안에 있는 말을 밖으로 표현하는 연습도, 상대의 말을 인정하는 연습도, 자신의 실수를 '쿨하게' 인정하고 사과하는 연습도 해야 한다. 우선 자신이 '소통하고 대화할 수 있는 상대'가 되어야 소통과 대화에 대한 상대의 부정적 인식과 자신에 대한 적대적 태도를 변화시킬 수 있다.

갈등은 어떻게 분석할까?

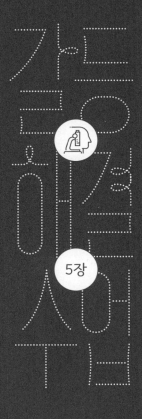

갈등해결사

5장

전체 그림 파악하기

갈등을 해결하기 위해 제일 먼저 할 일은 갈등을 이해하는 것
이다. 설사 해결은 포기하고 갈등이 폭발하지 않도록 관리만 하
고 싶어도 우선은 이해해야 한다. 잘 이해해야 대립이 확대되지
않게 적절한 수준에서 관리도 할 수 있다.

갈등을 겪는 사람들은 자신의 갈등을 잘 알고 있다고 생각한
다. 그런데 사실은 기껏해야 말 그대로 '자신의 갈등'을 알고 있
는 것에 불과하다. 자신의 시각을 통해서 분석하고 해석한, 그래
서 자기 쪽으로 치우치고 때로는 왜곡되기도 한 갈등인 거다. 전
체가 아니라, 자기를 중심으로 한 일부분이다. 상대의 이야기와

시각은 빠져 있기 때문에 상대에게는 불리하거나 불공정하고 때로는 억울할 수도 있는 갈등의 모습이다.

갈등을 제대로 안다는 건 전체 그림을 파악하는 것을 의미한다. 그러기 위해서는 갈등을 구성하는 내용을 하나씩 점검하고 분석해야 한다. 갈등을 구성하는 건 크게 세 가지다. 바로 갈등 당사자, 갈등을 만든 문제, 그리고 당사자들이 원하는 것이다.

갈등 당사자에는 당연히 자신은 물론 상대도 포함된다. 어떤 경우엔 당사자에게 중대한 영향을 미치는 주변 인물도 갈등의 큰 그림에 포함해야 한다. 배우자, 부모나 자녀, 직속 상사나 동료 같은 사람들이다. 갈등을 만든 문제는 대립이나 말다툼을 폭발시킨 구체적 사건을 말한다. 특정 업무, 대가족 내 행사, 동료나 친구와의 돈거래 등이 그런 사건에 해당한다. 물론 사건의 뿌리에는 다른 일이 있겠지만 일단은 사건만 파악해도 된다. 어떤 경우에는 그것조차 힘들다. 한쪽이 갈등의 존재를, 또는 특정 사건이 갈등을 만들었다는 점을 인정하지 않을 수도 있기 때문이다. 당사자들이 원하는 것을 파악하는 건 제일 힘든 일이다. 자신이 정말 원하는 것이 뭔지 정확히 모르는 사람도 흔하다. 또는 상대에게 '원한다'라고 얘기한 것을 자신이 진짜 원하는 것으로 혼동하는 경우도 있다.

갈등을 알기 위해서는 상황 분석이 필요하다. 분석이라 하니 거창하게 들릴 수도 있지만 사실 우리는 일상에서 자주 상황 분석을 한다. 단지 그것을 종이에 적거나 체계적으로 정리하지 않을 뿐이다. 갈등 분석은 갈등 당사자, 갈등을 만든 문제, 당사자들이 원하는 것 등을 파악해 문장이나 표로 만들어 정리한 것이다. 대립을 완화하고 해결의 가능성을 모색하는 데 유용하다.

갈등을 분석하기 위해서는 자료, 즉 데이터가 있어야 한다. 분석을 위한 데이터는 어떻게 구할 수 있을까? 데이터를 만들려면 사람들의 말을 듣고 정리해야 한다. 그러기 위해 인터뷰가 필요하다. 사회갈등이나 집단 사이 갈등의 경우에는 보통 분석을 의뢰받은 전문가가 당사자들을 찾아가 인터뷰를 한다. 그러곤 내용을 정리해 데이터를 만든다. 집단 내 구성원들 사이에 갈등이 생겼을 때는 갈등에 개입할 권한이나 책임을 가진 사람이 당사자들을 인터뷰하곤 한다. 자기에게 갈등이 생겼을 때는 그런 절차를 거치기 힘들다. 그래도 가능은 하다. 상대의 얘기 그리고 자기 생각과 주장을 정리해 합치면 된다.

인터뷰할 때는 미리 질문을 준비해야 한다. 갈등에 대한 이해, 원인에 대한 생각, 갈등 상대에 대한 생각과 감정, 갈등을 만든 문제에 대한 입장, 그런 입장을 가진 이유, 그것을 통해 얻고자 하는 것, 얻고자 하는 것이 자기 삶에서 중요한 이유, 갈등을 해결할 구체적 방법 등이 꼭 필요한 질문이다. 그 외에도 대화로 문제를 해결할 생각이 있는지, 대화가 가능하거나 가능하지 않은 조건은 무엇인지, 갈등 상황에 대해 어떤 불편함이나 두려움을 가지는지 등도 질문해야 한다. 이런 기본적인 질문에 당사자가 얼마나 마음을 열고 솔직하게 얘기하느냐에 따라 분석에 쓸 수 있는 유효한 데이터를 얻을 수도, 못 얻을 수도 있다. 그래서 인터뷰를 하는 사람의 자세가 중요하다. 선입견이 없어야 하고, 말하는 사람을 자극하지 않아야 하고, 무엇보다 경청하면서 계속 말할 수 있는 분위기를 만들어야 한다.*

자신의 갈등 상대를 만날 때도 데이터를 얻기 위한 인터뷰처럼 할 수 있다. 그러려면 말하는 건 최대한 삼가고 상대의 말을 경청하면서 예의 바르고 신중하게 계속 질문해야 한다. 무엇보다 싸우거나 대립을 악화시키는 자리가 되지 않게 조심해야 한다. 자신의 목적이 묻고 듣는 것이라고 미리 얘기해도 좋다. 인터뷰를 하는 사람의 자세로 상대를 만나면 감정을 자제할 수 있다. 탐구하는 자세로 상대의 말에 귀를 기울일 수 있다.

자신에 대한 데이터는 어떻게 만들 수 있을까? 두 가지 방법이 있다. 하나는 자신과 거리를 두고 최대한 객관적으로 갈등에 대한 자기의 생각, 얻고자 하는 것, 상대에 대한 생각, 자기 삶과의 관계, 가지고 있는 두려움이나 어려움 등을 정리하는 것이다. 보고서를 쓰듯이 항목별로 정리하면 좋다. 자신을 인터뷰하는 것처럼 앞의 질문들을 스스로 묻고 답을 정리해도 된다. 다른 하나

---

* 정주진, 『갈등해결과 한국사회』, 아르케, 2010, pp. 214-219.

는 자신이 상대에게 또는 주변 사람에게 했던 주장이나 하소연을 기억해 정리하는 것이다. 거기에는 상대에 대한 평가, 화가 나거나 답답한 이유, 갈등을 보는 시각, 해결 방법과 조건 등이 포함돼 있을 것이다. 그것을 객관적으로 정리하면 좋은 데이터가 된다.

나와 상대의 주변 사람들을 인터뷰할 수도 있으며 그러한 인터뷰가 필요한 경우도 있다. 나와 상대에게 큰 영향을 미치는 배우자, 친구, 동료, 상사 등을 인터뷰하면 나와 상대의 생각과 주장을 뒷받침하거나 이해를 돕는 얘기를 들을 수 있다. 그래도 기본적이고 가장 중요한 데이터는 나로부터 얻는 것이다.

입장, 이익, 필요 알아보기

체계적인 분석과 정리를 위해서는 분석 도구를 활용할 수 있다. 이 장에서는 쉽게 활용할 수 있는 여러 분석 도구를 소개할 예정이다.** 분석 도구를 잘 활용하기 위해서는 갈등 당사자 중 한쪽에만 치우치지 말고 양쪽 모두를 객관적이고 중립적으로 봐

** 이후 소개할 분석 도구는 Simon Fisher, Dekha Ibrahim Abdi, Jawed Ludin, Richard Smith, Steve Williams, and Sue Williams, *Working with Conflict: Skills & Strategies for Action*, Zed Books, 2000, pp.17–30에 있는 그림과 내용을 참고했음.
정주진, 『갈등은 기회다』, 개마고원, 2016, pp. 141–163 참고.

야 한다. 자신의 갈등에 적용할 때도 최대한 객관적으로 그리고 냉정한 눈으로 자신과 상대가 주장하고 원하는 것을 정리해야 한다.

분석 도구 중에서 양파분석 도구는 가장 쉽게 갈등의 핵심을 파악하게 해준다. 양파를 가로로 자르면 여러 층을 가진 단면이 보인다. 양파분석 도구를 활용하면 그런 단면을 보는 것처럼 당사자의 입장(position), 이익(interest), 필요(need)를 한눈에 파악할 수 있다. 양파를 까는 과정을 생각하면 왜 입장이 가장 바깥에 있고 필요가 맨 안쪽에 있는지 알 수 있다. 입장은 바로 보이지만 그 안에 있는 이익과 필요는 양파를 더 벗겨야 비로소 볼 수 있다.

〈그림 1〉 양파분석

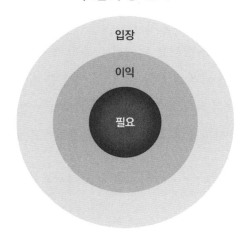

입장, 이익, 필요는 갈등에 대응할 때 기본적으로 알아야 할 것이다. 먼저 입장을 보자. 입장은 각 당사자가 자신이 '원하는 것'이라면서 밖으로 표현하고 주장하는 것이다. 당사자들은 상반되는 입장을 표출하고 그로 인해 충돌이 생긴다. 층간 소음이 문제라면, 한쪽은 '소음의 완벽한 제거'를 주장하고 다른 쪽은 '불가피한 소음의 이해'를 주장할 것이다. 업무 분배 문제라면, 한쪽은 '수용 불가'를, 다른 쪽은 '반씩 분담'을 주장할 수 있다. 이렇게 상반되는 입장이 표출되고 계속되면 갈등이 생기고 악화할 수밖에 없다.

이익은 겉으로 드러난 입장을 거쳐 더 안으로 들어가면 보이는 것이다. 상대와의 충돌을 감수하면서 특정 입장을 주장하고 포기하지 않는 이유는 실질적으로 얻을 이익 때문이다. 입장을 포기하면 자신이 정당하게 얻을 이익을 잃게 된다고 생각한다. 입장을 고수하는 건 결국 이익을 지키기 위해서다. 입장과 이익을 함께 보면 왜 갈등이 생겼는지 알 수 있다. 자신은 물론 상대가 여러 가지 부담을 안으면서도 왜 계속 대립하고 싸우는지 알 수 있다.

하지만 여기서 끝이 아니다. 갈등을 전체적으로 이해하려면 가장 안쪽, 그러니까 양파의 여러 겹을 까고 들어가야만 볼 수 있는 필요를 알아야 한다. 필요는 삶의 필요, 그러니까 일상과 '나다움'을 유지하며 살기 위해 필요한 것을 말한다. 때로는 삶의 의미가 되기도 한다. 층간 소음 갈등에서 당사자들에게 가장 필요한 건 '안락한 삶'이나 '자기 집 안에서의 자유' 같은 것들이다. 소음을 만드는 쪽이나 피해를 보는 쪽이나 마찬가지다. 삶에 필요한 것이기 때문에, 다시 말해 그것이 충족되지 않으면 삶이 불안정해지고 불안해진다고 생각하기 때문에 누구도 포기하려고 하지 않는다. 설사 눈앞에 다른 이익이 있더라도 말이다. 필요를 포기해 얻는 이익은 의미가 없고 누구든 그런 이익을 위한 합의는 받아들이지 않을 가능성이 크다. 자기 공간 안에서의 자유를 포기하면서 소음 문제를 해결하려는 사람은 없고, 자기 업무에 대한 통제권, 다시 말해 자신의 일상과 삶의 의미를 뺏기는 업무 분배에 동의할 사람도 없다는 얘기다.

양파분석 도구를 활용할 때 제일 먼저 할 일은 갈등, 갈등을 만든 문제, 당사자를 확인하는 것이다. 대부분의 경우엔 무엇을 둘러싸고 어떤 갈등이 생겼는지 쉽게 알 수 있다. 그런데 여러 문제가 동시에 진행되고 있다면 어떻게 해야 할까? 예를 들어 아이들이 뛰면서 내는 층간 소음으로 위층 부부와 대립하는 사이가 되었다고 치자. 그런데 그에 더해 위층 남편이 베란다에서 담배를 피워 담배 냄새가 나고, 위층 사람들이 현관문을 쾅쾅 닫아서 자주 놀라게 되는 일도 있다고 치자. 그렇다면 무엇을 둘러싼 갈등을 분석해야 할까? 이런 경우 처음 대립을 만든 문제나 핵심 문제를 둘러싼 갈등을 분석하는 것이 좋다. 이 사례에서는 소음을 둘러싼 갈등을 분석 대상으로 삼을 수 있다.

당사자에 대해서도 혼동이 생길 수 있다. 자신과 상대가 다툴 때 매번 참견하고 영향을 주는, 그래서 자신과도 여러 번 충돌한 주변인은 어떻게 할 것인가? 그를 당사자로 취급해야 하나? 예를 들어 동료와 업무 분배로 갈등이 생겼는데 그 동료와 그 일을 함께하는 사람이 항상 말다툼에 끼어든다면? 그를 당사자로 취급해야 하나? 이런 경우 일단은 자신과 상대를 주 당사자로 보고 주변인과 그의 영향은 별도로 분석해야 한다. 자신과 주변인 사이의 대립도 심각하다면 그건 별도의 갈등으로 보고 따로 분석하는 것이 좋다.

〈그림 2〉 사례 적용: 양파분석

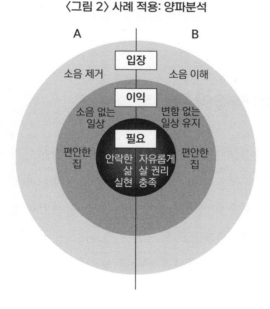

양파분석 도구를 통해 겉으로 드러난 입장, 그것의 이유가 되는 이익, 포기할 수 없는 필요를 파악하는 건 간단해 보인다. 하지만 실제로 해보면 그렇지 않다. 자신과 상대가 이익이든 필요든 원하는 것을 정확히 알지 못할 수 있기 때문이다. 입장은 겉으로 드러난 것이고 당사자들이 접촉할 때마다 밝히는 것이기 때문에 파악하기가 쉽지만 말이다. 그렇다면 어떻게 알 수 있을까? 가장 좋은 방법은 직접 '당신이 얻으려는 게 무엇이냐?', '당신의 삶에서 필요한 것과 갈등이 무슨 관련이 있냐?'고 묻는 것이다. 하지만 당사자가 이익과 필요를 깊이 생각해보지 않아서 분명히 얘기하지 못한다면 질문해도 소용이 없다. 그런 경우엔 그동안 한 말들을 데이터로 삼아 분석을 하는 게 좋다. 그리고 자기와 상대에게 계속 질문을 하면서 답을 구해야 한다.

판단과 생각의 차이 알아보기

갈등을 분석하는 이유 중 하나는 최대한 당사자의 시각에서 갈등을 보기 위해서다. 갈등은 지극히 주관적인 판단, 관점, 주장 같은 것 때문에 생기고 계속된다. 똑같은 사건과 상황을 어떤 사람은 심각한 문제라고 보지만 어떤 사람은 대수롭지 않게 생각한다. 주관적으로 사건과 상황을 보기 때문이다. 그런 이유에서 비슷한 일로 어떤 관계에서는 갈등이 생기지만, 어떤 관계에서는 갈등이 생기지 않는다. 물론 관계의 질이나 신뢰 같은 것이 영향을 미친다. 그런데 그 영향을 해석하는 것 또한 주관적 판단과 생각이다. 갈등을 분석하면 그런 주관적 판단이나 관점을 알 수 있다. 그로 인해 생긴 대립과 다툼을 어떻게 다룰지도 생각할 수 있다.

주관적인 판단이나 관점을 잘 이해할 수 있게 해주는 분석 도구가 있는데 바로 갈등연대기다. 수개월, 심지어 수년 동안에 걸쳐 형성되고 지속된 갈등을 압축적으로 이해하는 데 도움이 된다. 명칭에서 알 수 있듯이, 이 도구를 이용해 당사자 각자에게 중요했던, 그리고 상대에 대한 이견, 불신, 불만, 분노 등이 생겼던 때를 과거부터 현재까지 정리할 수 있다. 배경이 됐던 사건이나 상황도 함께 정리할 수 있다.

분석을 하면 적어도 세 가지를 알 수 있다. 첫째는 각 당사자에게 특정 사건이나 상황이 어떤 의미였는지, 그리고 그것이 왜 상대에 대한 부정적 시각, 감정, 판단에 영향을 주었는지다. 둘째는 시간이 지남에 따라 상대에 대한 부정적 인식이 어떻게 강화되고 갈등의 형성과 지속에 영향을 미쳤는지다. 셋째는 특정 사건이나 상황에 대한 당사자들의 인식과 판단이 다르다는 점이다. 한 사람에게는 아주 중요하고 심지어 충격적이기까지 했던 사건이 다른 사람에게는 기억조차 나지 않을 정도로 아무 일도 아니었음을 알 수 있다. 또한 각 당사자에게 무엇이 중요한지 또는 중요하지 않은지, 한쪽이 그 중요한 것을 인정하지 않는 것이 다른 쪽에게 어떤 의미인지 등을 알 수 있다.

몇 년 동안 말을 하지 않는 A와 B, 두 친구가 있다. 두 사람은 예전엔 친했지만 이제는 다른 친구들이 함께하는 자리에서만 만나는 서먹한 사이가 됐다. 발단은 A의 남편에게 B가 돈을 꿔준 일이었다. A는 자신에게 사실을 얘기하지 않은 B에게 서운함을 표시했다. 하지만 B는 A의 남편이 자신과도 친구이기 때문에 문제가 없다고 했다. 몇 개월 후 A가 남편의 사업이 어려워져 힘들다는 사실이 다른 친구들을 통해 알려졌다. B는 A에게 돈이 필요하면 빌려줄 수 있다고 했다. A는 B에게 화를 냈고, B는 A에게 서운함을 표시했다. 그 후로 A와 B는 서로 거의 말을 하지 않았다. 다른 친구들과 함께 있는 자리에서 은근히 서로를 비난하기도 했다. 노골적으로 싸우지는 않지만 둘 사이엔 해결되지 않은 갈등이 계속되고 있다. 이 갈등을 갈등연대기 도구를 이용해 분석하면 A와 B 사이의 생각과 판단의 차이, 그로 인한 감정적 대립과 갈등의 형성을 알 수 있다. 무엇보다 서로에 대한 이해의 부족, 오해, 의미 해석의 차이 등을 확인할 수 있다.

갈등연대기를 활용하는 가장 큰 이유는 자신과 상대 사이에 존재하는 서로 다른 이해를 파악하고 서로 인정하기 위해서다. 갈등에 대한 이야기와 해석은 당사자 수만큼 존재한다. 각자 자

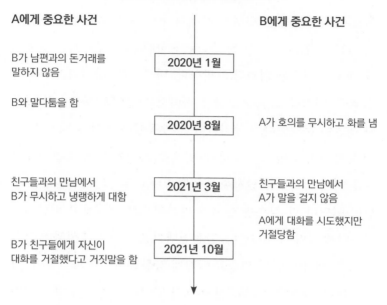

〈그림 3〉 사례 적용: 갈등연대기

A에게 중요한 사건		B에게 중요한 사건
B가 남편과의 돈거래를 말하지 않음	2020년 1월	
B와 말다툼을 함		
	2020년 8월	A가 호의를 무시하고 화를 냄
친구들과의 만남에서 B가 무시하고 냉랭하게 대함	2021년 3월	친구들과의 만남에서 A가 말을 걸지 않음
		A에게 대화를 시도했지만 거절당함
B가 친구들에게 자신이 대화를 거절했다고 거짓말을 함	2021년 10월	

신의 시각으로 갈등을 보기 때문이다. 또한 각자 자신에게 중요하거나 인상적이거나 충격적인 것을 중심으로 갈등 이야기를 만들기 때문이다. 상대는 자신과 다른 갈등 이야기를 가지고 있을 수 있다는 점, 그리고 그것이 속이거나 왜곡하려는 의도 때문이 아니라 주관적인 생각과 판단 때문이라는 점을 인정해야 갈등의 전체 모습을 파악할 수 있다.

갈등연대기를 활용하는 또 다른 이유는 서로 상대에 대해 몰랐던 점을 찾고 인정하기 위해서다. 오랜 갈등으로 이혼을 하려는 사람들은 더는 상대와 살 수 없다는 데 동의한다. 하지만 이혼을 생각하게 만든 결정적 사건이나 반복적 상황에 대한 설명은 다르다. 한쪽은 매사 자신을 존중하지 않고 무시하는 상대의 말 때문에 상처를 입었다고 말한다. 다른 쪽은 자신이 반복적으로 하는 얘기나 요구를 그냥 흘려버리는 상대의 무관심한 태도와 행동이 문제였다고 얘기한다. 오랫동안 사이가 좋지 않은 직장 동료들의 설명도 비슷하다. 한쪽은 상대가 항상 즉흥적으로 일을 처리해 모두를 난처하게 만들었다고 말한다. 다른 쪽은 자신이 어쩌다 한 실수를 상대가 반복적으로 얘기하고 비난해서 갈등이 생겼다고 얘기한다. 갈등연대기를 이용해 분석하면 그렇게 다른 생각이 언제 생겼고 어떻게 강화됐는지를 파악할 수 있다. 그것을 토대로 서로 다른 이해가 있었다는 걸 인정하는 계기를 만들 수 있다.

갈등의 전개 과정에서는 흔히 오해가 생기고 그에 따른 판단의 실수도 생긴다. 갈등이 불거져 관계가 서먹해지고 소통이 뜸해지거나 단절되니 당연히 생길 수 있는 일이다. 하지만 그런 오해와 오판은 갈등이 악화되고 장기화되는 데 결정적인 역할을 한다. 분석을 통해 상대에 대한 불만과 반감의 형성, 갈등의 악화에 결정적 역할을 한 사건이나 상황을 확인하면 서로 상대에 대한 오해나 오판이 있었다는 걸 알 수 있다. 그러면 적어도 또 다른 오해나 오판, 그리고 갈등의 악화를 막을 수 있다. 물론 해결의 실마리를 찾을 수도 있다.

구조적 문제 이해하기

앞에서 여러 차례 강조한 것처럼 갈등의 근본 원인은 주로 구조적인 문제에 뿌리를 내리고 있다. 갈등해결 연구에서는 이런 구조적 문제를 확인하고 이해하는 접근을 매우 중요하게 생각한다. 단지 학문적 연구이기 때문에, 또는 갈등을 사회적 문제의 하나로 보기 때문에 그러는 게 아니다. 모든 개인의 일상이 자유의지에 의해 좌우되는 것 같지만 사실은 다양한 구조 안에서 이뤄지고 구조의 영향을 받는다는 사실을 인정하기 때문이다. 아무리 독립성이 강한 사람도 구조의 영향을 벗어날 수 없다. 남편과 아내가 경제 문제로 자주 다툼을 벌이는 건 분명 개인 차원의 문제다. 하지만 남편의 수입이 줄거나 실직한 것이 경기 침체와 실업률 증가에 의한 것이라면, 또 전업주부인 아내의 지갑이 항상 텅 비어 있는 이유가 물가 상승과 사교육비 부담 때문이라면 개인의 일로만 볼 수 없다. 결혼 5년 차 부부가 명절 후에 항상 큰 싸움을 하는 건 분명 그들의 문제다. 그러나 일방적이고 억압적인 시부모와 대가족 내 고정된 성역할 때문이라면 부부만의 문제로 볼 수 없다. 작은 성과에도 예민하게 굴며 경쟁하는 입사 동기들의 만성적 대립은 그들의 문제라고 생각하기 쉽다. 하지만 그러는 이유가 치열한 경쟁을 부추기고 업무 하나하나에 점수를 매기는 회사 때문이라면 그들의 태도와 행동만 탓할 수 없다. 사회 구조, 조직 구조, 대가족 구조의 문제가 개인 사이의 대립과 다툼의 뿌리에 있는 것이다.

갈등삼각형을 이용하면 대립과 갈등의 근본 원인인 구조의 문제를 파악할 수 있다. A, B, C로 불리는 세 개의 꼭짓점은 각각 태도(A/attitude), 행동(B/behavior), 구조적 모순 상황(C/contradiction and context)을 나타낸다. 흔히 갈등이 생겼다는 걸 알 수 있게 해주는 건 밖으로 드러나는 당사자들의 행동이다. 갈등이 생기면 상대에 대한 공격적이고 비난 섞인 말, 위협적이거나 무시하는 몸짓 같은 행동이 나타난다. 그런데 행동은 그냥 나오는 게 아니다. 상대에 대한 적개심, 무시, 편견, 차별, 두려움 등의 태도가 결국 행동을 통해 표출된다. 그러므로 상대에 대한 태도인 A와 행동인 B 사이에는 인과관계가 있다. 행동은 태도에 기반하고 태도가 변하면 행동도 변한다.

이 도구를 활용해 알고자 하는 핵심인 구조적 모순 상황은 당사자들이 함께 속해 있는 대가족, 회사, 학교, 마을, 종교집단 등의 구조를 통해 만들어진 환경과 상황 등을 말한다. 구조를 만들고 유지하는 이유는 구성원들의 안전하고 행복한 삶을 위해서다. 이익 추구가 목적인 회사의 구조도 기본적으로는 생산성 향

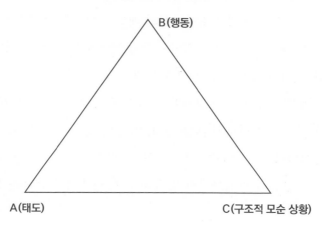

〈그림 4〉 갈등삼각형

B (행동)

A (태도)　　　　C (구조적 모순 상황)

상을 위한 구성원들의 안위와 권리의 보호를 포함하고 있다. 그런데 구조가 제대로 작동하지 않아 구성원들의 일상이 힘들어지고 삶의 질이 낮아진다면 그 구조는 구성원들에게 해가 된다. 이것이 바로 구조적 모순 상황이다. 구조가 본래의 기능을 하지 못하니 말이다. 구조적 모순 상황에서는 구성원들 사이에 갈등이 생기기 쉽다. 실업 문제를 제대로 해결하지 못하는 사회 구조, 특정인을 억압하고 부당하게 대우하는 대가족 구조, 동료 사이의 경쟁을 부추기는 회사 구조 등이 그렇다. 안타까운 건 갈등에 직면하는 사람들은 주로 그런 모순적 구조에 저항하거나 구조를 바꿀 힘이 없는 사람들이라는 거다. 구조에 맞서지 못하기 때문에 자기들끼리 대립하고 싸우고 상처를 주는 갈등을 만든다.

갈등삼각형을 이용해 자신이 생각하는 상대의 태도와 행동, 그리고 상대가 생각하는 자신의 태도와 행동을 정리해보면 무엇이 문제이고 무엇을 바꿔야 갈등을 완화할 수 있는지 파악할 수 있다. 가장 중요한 건 자신과 상대가 공통으로 직면한 구조적 모순 상황을 알아보는 것이다. 그것이 갈등의 근본 원인이라는 점을 확인하면 서로에 대한 공격, 비난, 원망 등이 어느 정도 비논리적이라는 걸 알 수 있다. 또한 자신과 상대 모두 그런 구조적 모순 상황의 피해자이며 변화를 위해 연대해야 한다는 점도 확

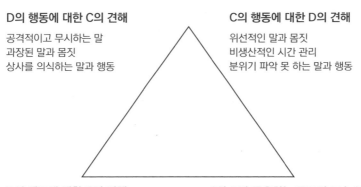

〈그림 5〉 사례 적용: 갈등삼각형

D의 행동에 대한 C의 견해

공격적이고 무시하는 말
과장된 말과 몸짓
상사를 의식하는 말과 행동

C의 행동에 대한 D의 견해

위선적인 말과 몸짓
비생산적인 시간 관리
분위기 파악 못 하는 말과 행동

D의 태도에 대한 C의 견해

공격적이고 경쟁적이고 비협력적임
상사에 대한 비굴함과 아부

C의 태도에 대한 D의 견해

방어적이고 비생산적이고 패배주의적임
오만하고 안하무인이고 비협력적임

C와 D가 공유하는 구조적 모순 상황

회사의 상대 평가 시스템
팀별 집단 평가 시스템
생산성 강조 및 실적주의
경쟁 문화 독려

인할 수 있다. 당장 구조를 바꿀 수는 없다 하더라도 근본 원인을 확인하고 상대에 대한 과도한 비난은 자제할 수 있다. 갈등을 이해하고 완화하는 데도 큰 도움이 된다.

다양한 원인과 영향 이해하기

갈등의 근본 원인은 물론 영향까지 파악하는 데 도움이 되는 분석 도구가 있다. 바로 갈등나무다. 갈등나무를 활용하면 갈등의 원인과 영향을 한눈에 볼 수 있다. 집단 안에서 영향력이 있는 두 사람 사이에 갈등이 생기면 전체가 영향을 받게 된다. 두 사람을 중심으로 편이 나뉘고 서로 눈치를 보거나 반목하는 일이 생긴다. 외면하려 해도 주변 사람들은 갈등의 영향에서 벗어나기 힘들다. 대가족 내에서 영향력이 큰 시어머니와 큰며느리가 싸울 때, 친목 모임에서 가장 오랜 회원이자 임원을 맡은 두 사람이 대립할 때, 직장에서 두 명의 팀장이 서로 경쟁하고 공격할 때가 그렇다. 대립과 갈등이 집단의 문제와 관련되고 집단에 영향을 미치는 경우가 흔하다. 이런 경우 두 사람의 갈등을 집단이 직면한 문제로 보고 그 원인과 영향을 전체적으로 확인해보는 것이 좋다.

나무의 중심은 두 사람의 갈등 또는 그로 인해 집단이 직면한

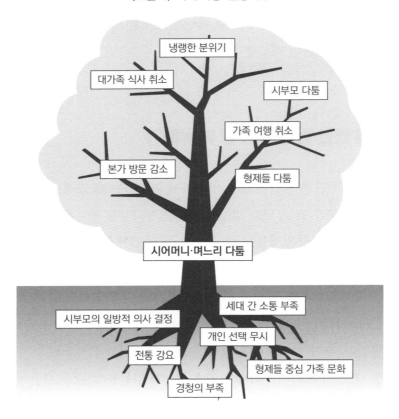

〈그림 6〉 사례 적용: 갈등나무

냉랭한 분위기

대가족 식사 취소

시부모 다툼

가족 여행 취소

본가 방문 감소

형제들 다툼

시어머니·며느리 다툼

세대 간 소통 부족

시부모의 일방적 의사 결정

개인 선택 무시

전통 강요

형제들 중심 가족 문화

경청의 부족

문제가 된다. 여러 갈래로 난 뿌리는 그런 갈등이나 문제를 야기
한 근본 원인을 말한다. 나뭇가지는 갈등이나 문제를 계기로 생
긴 다른 문제나 상황의 변화 같은 파급 효과를 말한다. 사람에 따
라 갈등의 근본 원인과 갈등이 끼친 영향에 대한 생각과 경험이

다를 수 있다. 갈등나무 분석 도구를 활용하면 그 모든 것을 적어 한눈에 볼 수 있다.

갈등나무를 활용한 분석은 여러 사람이 함께하면 가장 좋다. 서로 다른 생각을 수집해 전체 상황을 파악하는 것이 목적이기 때문이다. 각자의 생각과 경험을 자유롭게 적을 수 있어야 제대로 된 결과를 얻을 수 있다. 이렇게 하면 갈등과 연관된 여러 문제를, 그리고 여러 사람의 다양한 생각을 확인할 수 있다. 적어도 갈등이 단순히 한두 사람의 문제가 아니라 함께 공유하는, 그리고 함께 해결해야 하는 문제임을 확인할 수 있다. 여러 사람과 함께 분석할 수 없다면 갈등 상대와, 또는 그것도 힘들다면 혼자서 할 수도 있다. 그럴 경우 자신의 생각, 경험, 관찰이 얼마나 객관적인지 스스로 점검할 수 있어야 한다. 가능하다면 다른 사람들의 생각을 물어 데이터를 수집한 후 분석하는 게 바람직하다.

갈등나무 분석은 두 가지 경우에 적용될 수 있다. 하나는 자신의 갈등이 자신이 속한 집단과 주변 사람들에게 어떤 영향을 주고 있는지 알아야 할 경우다. 다른 하나는 자신이 속한 집단 내에서 생긴 갈등 때문에 자신과 다른 사람들이 받는 영향을 파악해야 할 경우다. 모든 갈등은 주변 사람들에게 영향을 준다. 특히 조직이나 집단 내에서 일어나는 갈등은 조직과 집단의 분위기와 다른 사람들의 관계에도 영향을 준다. 갈등나무 분석 도구는 그런 영향을 인식하고 인정할 수 있게 해준다. 나아가 갈등을 완화하고 해결해야 할 필요를 알게 해준다. 주변 사람들이 당사자들에게 갈등을 빨리 일단락 짓거나 해결하라고 압력을 가하는 건 바람직하지 않다. 하지만 갈등의 완화와 해결을 위해 주변의 압력이 필요할 때가 있다. 또는 당사자들이 주변이나 조직의 지원을 받아야 할 경우도 있다. 갈등을 만든 근본 원인을 다뤄야 한다면 더욱 그렇다. 갈등나무는 그런 목적을 위해 활용될 수 있다.

문화와 정체성 확인하기

문화는 갈등을 만드는 데 생각보다 큰 영향을 미친다. 하지만 자신이 어떤 문화에 속해 있는지, 어떤 문화적 영향을 받고 있는지에 관심을 두고 살피는 사람은 거의 없다. 자신이 속해 있고 애착을 갖는 문화를 인지하지 않아도 일상에 전혀 불편함이 없다. 매일 자신과 같은 문화에 속한 사람들을 접촉하기 때문에 자신과 타인 사이의 문화적 이질감도 느끼지 않는다. 그러니 무관심한 게 당연하고 오히려 자연스럽다. 자신의 문화에 대해 생각하게 되는 경우는 다른 문화를 접촉할 때다. 밥공기와 국그릇을 들고 먹는 중국인을 보면 한국문화에서는 밥공기와 국그릇을 들고 먹는 것이 예의가 아니라는 걸 깨닫게 된다. 수십 살 나이가 많은 사람의 이름을 부르고 친구처럼 지내는 미국인을 보면서 한 살 더 많은 사람에게도 깍듯하게 인사를 하는 한국문화에 대해 생각하게 된다. 타 문화에 대해 느끼는 이질감의 정도를 보면서 한국문화가 자신에게 미치는 영향에 대해서 분석하기도 한다.

문화적 차이는 주류문화에서만 나타나는 게 아니다. 직업, 종교, 취미, 세대, 성별 등의 집단은 저마다 독특한 문화를 가지고 있다. 이것을 흔히 하위문화라 부르지만 개인에게는 주류문화보다 더 큰 영향을 미친다. 집안의 종교가 다른 두 사람이 결혼했을 때, 직업이 다른 사람들이 만났을 때, 세대가 다른 사람들이 함께 일할 때 갈등이 생겼다면 문화적 차이 때문이 아닌지, 그렇다면 문화적 영향이 어느 정도인지 등을 살펴봐야 한다. 어떤 사람에 대해 느끼는 불편함이나 부정적인 감정은 그 사람의 태도나 행동이 자기가 속해 있고 편안하게 생각하는 문화와는 달라서 생긴 것일 수 있다. 제사를 매우 중요하게 생각하는 사람과 별것 아닌 일로 생각하는 사람, 복장 예의를 중요시하는 사람과 불필요한 겉치레로 생각하는 사람, 집단성을 중요하게 생각하는 사람과 개인의 선택을 중요하게 생각하는 사람이 충돌하는 건 개인 취향의 문제로 보인다. 하지만 사실은 문화적 충돌일 가능성이 크다. 각자 자신의 문화에서 통용되고 '옳다'고 여겨지는 것을 중요하게 생각하고 그와 다른 것을 수용하지 못하기 때문일 수 있다.

문화적 영향과 함께 생각해볼 건 정체성이다. 누구나 포기하거나 타협할 수 없는 자기만의 정체성을 가지고 있다. 그것을 공격하거나 부인하는 사람에게는 부정적으로 반응한다. 타인의 정체성을 건드리는 일은 주변에서 흔하게 볼 수 있다. 예를 들어 '명절에 하지 말아야 할 말'로 지적되는 것들을 보자. '결혼을 해야 어른이 된다', '여자는 좋은 남편을 만나야 한다', '번듯한 직장이 있어야 제대로 대접받을 수 있다', '남자는 부엌에 들어가지 말아야 한다' 등등. 이런 말들은 한 사람이 유지하려는 정체성과 그것의 형성에 영향을 준 자신만의 세계관을 공격하거나 부인한다. 직장에서 '싫어도 집단의 이익을 먼저 생각해야 한다'는 누군가의 말은 개인의 선택과 권리를 더 중요하게 생각하는 다른 누군가의 정체성을 위협한다. 정체성을 건드리고 부인하는 말이 반복되면 갈등이 생길 가능성이 크다. 생각의 옳고 그름에 상관없이 타인의 정체성을 위협하는 말 자체가 갈등을 만든다.

누구나 자신의 정체성을 아는 것 같지만 자신이 어떤 사람인지 간단명료하게 설명할 수 있는 사람은 많지 않다. 일상의 어려움, 관계의 문제, 갈등 등에 직면하면서 자신의 정체성에 대해 혼란을 겪기도 한다. 정체성 혼란(identity crisis)은 청소년들이나 갑자기 다른 문화에서 살게 된 사람들만 겪는 일이 아니다.

갈등 상황에서는 먼저 자신에 대해 잘 알아야 상대에게 자신이 원하는 것, 그리고 그것이 자신에게 왜 중요한지를 설명할 수 있다. 자신의 정체성을 아는 건 상대의 정체성이 자신의 것과 어떻게 다른지를 이해하고 상대의 주장을 왜곡하거나 섣불리 판단하지 않는 데도 도움이 된다. 자신의 정체성을 알기 위해 '나는 누구인가?', '나는 왜 그 일에 화를 내는가?', '내가 인정하거나 인정하지 않는 삶은 어떤 것인가?', '나는 왜 그것을 요구하는가?' 등의 질문을 스스로 해봐야 한다. 자신을 자신답게 만드는 가장 중요한 부분, 그리고 자신의 정체성 형성에 영향을 미쳤고 현재도 영향을 미치고 있는 개인이나 집단, 사상, 철학, 가치 등을 정리해보면 좋다. 그러면 자신의 정체성을 보다 명료하게 이해할 수 있을 것이다.

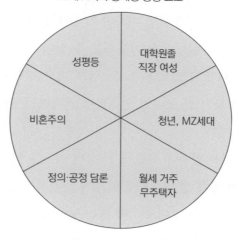

〈그림 7〉 사례 적용: 정체성원
30세 A씨의 정체성 형성 요소*

성평등

대학원졸
직장 여성

비혼주의

청년, MZ세대

정의·공정 담론

월세 거주
무주택자

---

* Lisa Shirch, *Conflict Assessment & Peacebuilding Planning*, Kumarian Press, 2013, p. 104에 있는 'Aspects of Identity' 그림을 참고해 수정한 것임.

갈등 분석 결과 정리하기

분석을 했으면 그 결과를 정리해야 한다. 앞에서 설명한 분석 도구의 활용을 통해 파악한, 그리고 데이터를 통해 드러난 여러 사항을 카테고리로 만들어 정리하면 된다. 갈등을 이해하는 것이 목적이므로 자신에게 필요한 내용을 포함하고 보기 편한 형식으로 하면 된다. 상대에 대한 부정적 시각과 분노, 상대와의 대화 의지 같은 항목에 대해서는 상·중·하와 같이 정도를 구분하면 도움이 된다.

〈표1〉은 간단한 샘플이다. 샘플을 참고해 필요한 항목을 추가해 넣거나 불필요한 것을 빼도 된다. 분석 결과를 정리하면 현재 상황이 어떤지, 어떻게 하면 대화가 가능할지, 대화로 문제를 해결할 가능성이 있는지 등을 가늠해볼 수 있다. 생각과는 다르게 상황이 크게 나쁘지 않으면 조심스럽게 대화 계획을 세워볼 수 있다. 물론 상황이 안 좋다면 인내하며 기다려야 한다는 결론에 도달할 수도 있다.

항목별로 분석 결과에 이르게 된 상세 이유를 적는 것도 도움이 된다. 가장 좋은 방식은 따옴표 안에 당사자가 한 말을, 즉 상대와 자신이 한 말을 그대로 적어 넣는 것이다. 그래야 이해 또는 해석의 왜곡을 막을 수 있다. 필요하다면 다시 보면서 재분석을 할 수도 있다. 한 가지 조심할 것은 자신의 분석을 맹신하지 않아

분석 항목	당사자 1(상대)	당사자 2(나)	주변인
입장(원칙적 주장)	찬반 입장과 내용	찬반 입장과 내용	해당 없음
이익(얻으려는 것)	물질적 이익과 내용	물질적 손해 방지와 내용	해당 없음
필요 (포기가 불가능한 것)	자존감, 체면 유지	자존감, 안정적 수입	자존심 지키기
갈등의 원인	상대의 억지 주장	상대의 과도한 욕심	해당 없음
갈등 악화 이유	상대의 비협조	상대의 비난	해당 없음
상대에 대한 부정적 감정	높음(상)	중간(중)	초기보다 낮음(하)
상대에 대한 분노	높음(상)	중간(중)	초기보다 낮음(하)
대화 의지	아직 없음	비난 중단 시 가능	아직은 시기상조
해결 가능성	없음	대화하면 가능	대화하면 가능

야 한다는 것이다. 누구도 자신의 생각, 지식, 가치관, 세계관의 한계를 완전히 극복할 수는 없기 때문이다. 개인적 변화 또는 외부 영향에 따라 상황이 변할 경우엔 업데이트를 해야 한다. 그래야 새로운 대응 방법을 모색할 수 있다. 갈등은 개인의 생각과 개인을 둘러싸고 있는 환경의 영향에 따라 언제든지 변화할 가능성을 가지고 있다.

정리된 분석 결과가 다는 아니다. 분석을 통해 당사자들 사이에, 그러니까 자신과 상대 사이에 갈등이 생긴 이유와 각자 원하는 것 등을 파악한 내용에 덧붙여 둘 사이에 어떤 상호작용이 어떻게 일어나는지를 알아야 한다. 그러려면 힘의 관계가 어떤지, 다시 말해 둘 사이의 힘의 차이가 어느 정도인지를 알아야 한다.

힘의 차이가 거의 없다면 서로 이익과 필요를 파악하고 이해하는 게 어렵지 않다. 서로 말을 섞는 것을 거부할 정도가 아니라면 말이다. 하지만 어느 한쪽이 다른 쪽보다 힘이 더 있다면 서로 이익과 필요를 얘기하는 것 자체가 쉽지 않다. 보통 상대적으로 힘이 큰 쪽은 상대를 외면하고 버티는 방식을 택한다. 그게 자기한테 유리하다고 생각하기 때문이다. 상대적으로 힘이 적은 쪽은 힘이 큰 쪽의 눈치를 보며 조심스럽게 행동하고 접촉을 주저한다. 이렇게 힘의 차이가 상호작용에 큰 영향을 미칠 수 있는 경우에는 먼저 힘이 큰 당사자가 강압적이지 않게 대화를 시도하는 게 바람직하다. 동시에 힘이 적은 당사자는 상대와 대화하기 위해 힘을 키울 방법을 찾아야 한다. 다만 공격적이지 않은 방식이어야 한다. 그래야 대화하고 갈등을 해결할 가능성이 생긴다. 갈등이 계속되면 누구에게도 좋을 게 없다.

힘의 관계를 파악할 때는 주관적 판단과 객관적 사실에 주의를 기울여야 한다. 주관적으로 자신의 힘을 실제보다 크게 판단하는 것, 반대로 적게 판단하는 것 모두 대화와 접촉에 방해가 된다. 주관적으로 자신이 더 힘이 있다고 판단하는 쪽은 상대가 자신에게 굽히고 들어오기를 바랄 수 있다. 반대로 자신이 상대적으로 힘이 적다고 생각하는 쪽은 지레 대화나 접촉을 포기할 수도 있다. 하지만 객관적인 사실은 다를 수 있다. 주관적 판단보다 힘의 차이가 크지 않거나 외향적 성격, 언변, 주변 관계 등을 주관적으로 과대평가했을 수도 있다. 물론 반대의 경우일 수도 있다. 어떤 경우가 됐든 명심해야 할 건 힘의 관계가 고정적이지 않고 갈등의 전개에 따라, 그리고 상황의 변화에 따라 변할 수 있다는 점이다.

신뢰의 정도를 파악하는 것도 중요하다. 특정 사안을 둘러싸고 갈등이 있어도 상대가 거짓말로 음해하거나 비열한 방식으로 이익을 취하는 사람은 아니라는 최소한의 신뢰가 있다면 대화의 가능성은 있다. 물론 상대에 대한 불신이 크다면 당장 대화할 가능성은 없다. 신뢰가 있다면 그 바탕 위에서 대화를 시도할 수 있고, 신뢰가 없다면 신뢰를 만들어야 한다. 그러기 위해서는 불신이 어디에서 기인했는지 분석해봐야 한다. 신뢰를 주지 못하는 공격적인 성격과 말 등에서 기인했을 수도 있고, 과거의 접촉, 서로 다른 경험과 가치관, 대립하는 주장, 불충분한 정보 등에서 기인했을 수도 있다. 그렇다면 하나하나가 정말 불신의 근거가 될 수 있는지 객관적으로 따져봐야 한다. 그 사람의 독특한 성격 또는 다른 경험과 가치관 때문이라면 좋아하지 않을 수는 있어도 불신의 근거가 될 수는 없다. 대립하는 주장과 불충분한 정보 때문이라면 상대에 대한 정보를 더 수집해봐야 한다. 어떤 방식이 됐든 대화의 상대로 받아들일 수 있을 정도로 최소한의 신뢰를 만드는 게 필요하다. 우선은 상대가 자신과 여러 가지 면에서 다르고 그런 이유로 갈등이 생겼다는 점을 인정해야 한다.

자신이 직면한 갈등을 분석하기 위해서 가장 필요한 건 자신의 생각과 주장, 나아가 감정까지 객관적으로 보는 것이다. 자신을 얼마나 객관적으로 보느냐에 따라 분석의 결과는 달라진다. 분석 결과에 따라 갈등과 갈등의 상대를 보는 시각도 달라지고 그것이 해결 여부에 결정적 영향을 미친다. 자신을 객관적으로 보려면 상대의 시각으로까지 자신을 볼 수 있어야 한다. 그래야 갈등이 생기고 계속되는 이유에 조금이라도 더 다가갈 수 있다.

　분석을 위해서는 자신의 장단점을 성찰하는 것도 도움이 된다. 상대가 찾아낸 자신의 단점이 상대와의 관계와 갈등에 어떻게 얼마나 부정적 영향을 미쳤는지를 객관적으로 볼 수 있으면 더없이 좋다. 때로 그것이 자신의 거침없는 말투, 몸짓, 행동 등일지라도 사소하게 취급해선 안 된다. 그런 것들이 상대에게는 공격적으로 보이고, 반감을 불러일으키는 것을 넘어 '대화할 수 없는 사람'이라는 판단에까지 영향을 미쳤을 수 있기 때문이다. 상대와의 소통 회복과 갈등 해결에 영향을 줄 수 있는 자신의 장점을 파악하고 활용 방법을 고민해보는 것도 좋다. 상대의 장단점을 파악하는 것도 필요하다. 상대를 있는 그대로 보면서 갈등에 영향을 준 점, 갈등의 해결에 영향을 줄 수 있는 점을 알기 위해서다. 장점에 대해서는 쿨하게 인정하고 단점에 대해서는 그것이 왜 자신을 불편하게 만드는지 분석하면 갈등을 이해하는데 도움이 된다.

아래의 질문들에 답해보면 자신을 객관적으로 보고 자신과 상대의 장단점을 파악하는 데 도움이 될 것이다. 분석표에 자신과 상대의 성격적 특징, 장점 및 단점을 추가로 넣어보는 것도 좋다.

☐ 내가 상대에게 특정 주장을 한 이유는 무엇인가? 그 주장을 하게 된 이유는 무엇인가?

☐ 나는 상대를 어떤 사람으로 평가하고 있는가? 왜 그렇게 평가하는가?

☐ 나는 상대에게 얼마나 반감이 있는가? 반감은 어디에서 기인했는가?

☐ 상대는 나를 어떤 사람으로 평가하고 있을 것 같은가? 왜 그렇게 생각하나?

☐ 나의 장점은 무엇인가? 왜 그것이 장점이라고 생각하나? 다

른 사람도 그것을 장점이라고 생각하나?

☐ 나의 단점은 무엇인가? 왜 그것이 단점이라고 생각하나? 다른 사람도 그것을 단점이라고 생각하나?

☐ 나의 단점이 상대와의 관계와 갈등에 영향을 미쳤다고 생각하나? 왜 그렇게 생각하나?

☐ 상대의 장단점은 무엇인가? 왜 그렇게 생각하나?

☐ 갈등에 부정적 영향을 미친 상대의 단점은 무엇인가?

☐ 갈등 해결에 긍정적 영향을 미칠 수 있는 상대의 장점은 무엇인가?

갈등해결, 어떻게
단계적으로 실행할까?

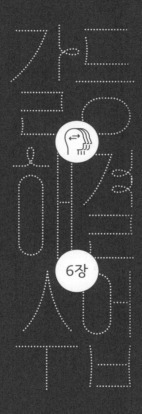

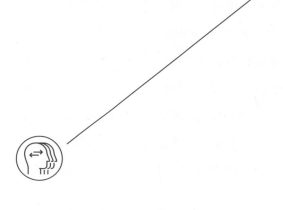

갈등해결 과정을 위한 준비

자신의 갈등을 해결하기 위해 과정을 계획하고 실행할 생각을 하는 사람은 거의 없다. 보통 개인적 갈등에는 생각과 상황의 변화에 따라 그때그때 대응하는 게 최선이라고 생각한다. 그렇게 하면 갈등이 악화되고 상대와의 관계가 더 나빠질 수도 있지만, 어쩔 수 없는 일이고 살다 보면 겪는 어려움 중의 하나라고 치부하기도 한다. 그러나 개인적 갈등이 모두 어쩔 수 없이 겪는 문제는 아니며 사소한 일은 더더욱 아니다. 사실 어떤 사회 갈등이나 집단 사이의 갈등보다 개인의 일상에 큰 영향을 미친다. 또 개인 사이의 갈등도 집단이나 주변 사람들에게 미치는 영향이 절대 미미하지 않다. 그런데도 복잡하고 규모가 큰 사회와 집단의 갈등에 대해서는 체계적이고 세밀한 접근을 당연하게 생각하고, 반면 개인적 갈등은 사소하게 취급해 즉흥적 판단과 감정적 접근을 취한다. 이런 태도와 행동 때문에 갈등을 해결하기가 더 힘들어진다. 누군가와 생긴 갈등을 '인생의 쓴맛' 정도로 취급하는 태도를 바꾸지 않으면, 그리고 적극적으로 갈등에 대응하고 체계적인 해결 방법을 모색하지 않으면 갈등으로 인해 낮아진 삶의 질을 회복할 수 없다. 체계적인 해결 방법을 모색할수록 상황이 나빠지는 것을 막고 바람직한 해결책을 찾게 될 가능성이 커진다.

해결을 위한 체계적 접근은 대화하고 논의하고 협상하고 합의하는 과정을 진행하는 것을 말한다. 이것을 통틀어 해결 과정이라고 부른다. 해결 과정을 시작하기 위해서는 당연히 준비가 필요하다. 가장 먼저 할 일은 대화에 초점을 맞춘 일련의 과정을 실행할 수 있는지를 판단하는 것이다. 대화가 어떻게 진행될지 모르니 결과는 누구도 장담할 수 없다. 또 당장은 자신과 상대가 서로 적대적이거나 관계가 좋지 않으니 대화가 진행될지도 장담하기 힘들다. 그렇다고 지레 대화 가능성이 없거나 실패할 것이라고 생각하면 안 된다. 대화는 수학 공식이나 자연과학 실험이 아니라 사람들이 만나 하는 것이다. 그러므로 과정과 결과를 예측할 수 없는 것이 오히려 자연스럽다.

과정을 실행할 수 있는 기본 조건은 당사자들의 의지다. '한번 해보지, 뭐' 같은 미적지근한 반응부터 '그래, 해보자!'라는 적극적인 의지까지 다양한 태도를 확인할 수 있을 것이다. 때로는 '해 봤자지, 뭐'나 '말도 안 통하는데 소용없어!'라는 부정적인 태도를 확인할 수도 있다. 하지만 절대 상대의 얼굴을 보지 않겠다는 강한 거부만 없다면 대화를 하는 것이 하지 않는 것보다 낫다. 결과의 불확실성 때문에 포기하는 건 대화의 본질을 잘 모르기 때문이다. 대화에 임하는 사람들의 태도와 행동은 흔히 과정의 진행과 함께 변한다. 그에 따라 시작 당시 예상했던 것과 완전히 다른 결과가 나타나곤 한다.

다음으로 할 일은 갈등 상황에 대한 기본적인 이해를 공유하는 것이다. 어느 한쪽이 갈등을 분석했다면 그것을 공유하는 것도 좋다. 그렇지 않다면 갈등의 시작, 전개, 현재의 상황에 대해 얘기를 나누고 해결할 필요가 있는지 의견을 나눠야 한다. 그래야 해결 과정을 시작할지 판단하고 결정할 수 있기 때문이다. 양쪽 모두가 상황을 심각하게 보고 어떤 식으로든 해결해야 한다고 얘기할 수도 있다. 하지만 한쪽은 심각한 상황이라고 말하고 다른 쪽은 그렇지 않다고 얘기할 수도 있다. 한쪽이라도 심각한 상황이라고 생각한다면 적어도 그에 대해 얘기할 필요가 있다고 볼 수 있다. 대화의 필요성이 있는 것이다.

어떤 결과물을 원하는지도 결정해야 한다. 보통은 해결책에 합의하기 위해 과정을 진행하는 거지만 때로는 다른 목적이 있거나 더해질 수도 있다. 그에 따라 원하는 결과물도 달라진다. 예를 들어 해결책을 찾는 것보다 대화를 통해 갈등에 대해 서로 다르게 이해하고 있고 원하는 것도 서로 다름을 확인하는 것이 핵심 목적일 수도 있다. 또는 갈등과 관련된 중요한 문제를 함께 확인하고 서로 인정하는 것이 목적일 수도 있다. 그렇게 하면 오해를 풀 수 있고 자연스럽게 갈등이 완화되거나 해결될 수도 있다. 관계의 어긋남이 가장 큰 문제라면 관계를 바로잡고 회복하는 게 목적이자 동시에 해결책일 수 있다. 이런 경우 원하는 결과물은 해결책 합의가 아니라 성공적 대화, 사실 확인과 오해 불식, 관계 회복 또는 악화 방지 등이 될 것이다.

두 사람의 합의에 더해서 주변 사람들에게 공동으로 무언가를 요청할 필요가 있을 수도 있다. 회사, 집단, 대가족 안에서 두 사람 사이에 갈등이 생겼다면 그들에게 영향을 미친 회사나 집단의 문제, 동료, 지인, 가족의 문제가 중요한 역할을 했을 가능성이 있기 때문이다. 그런 경우 회사나 집단이나 가족의, 또는 그 구성원들의 변화와 동의가 없다면 두 사람의 문제를 완전히 해결하는 건 불가능하다. 예를 들어 항상 경쟁을 부추기는 상사, 지나치게 가부장적인 시부모, 다른 사람 일에 시시때때로 간섭하고 말을 옮기는 형제자매 등이 갈등을 해결하는 데 영향을 미친다. 그렇다면 당사자 사이의 해결책 합의에 더해 다른 사람들에 대한 구두 또는 서면 요청 같은 것이 결과물에 포함될 수 있다. 그런 필요는 대화 도중에 확인될 수도 있고 그때 결정해도 된다.

언제, 어디서, 몇 차례 만날까?

언제, 어디서 만나 대화를 할 것인지도 함께 결정하고 합의해야 한다. 덧붙여 몇 차례 만날 것인지, 어떤 주기로 만날 것인지, 한 번에 몇 시간 동안 만날 것인지 등도 함께 정해야 한다. 우선 시간과 장소의 선택은 공정하고 모두에게 편해야 한다. 한쪽에게 유리하고 다른 쪽에게 불리한 시간이나 장소 선택은 준비 과정을 삐걱거리게 만들 수 있다. 특히 누군가 방해하거나 끼어들여지가 있는 장소는 피하고 두 사람이 대화에 집중할 수 있는 장소를 선택해야 한다. 갈등이 심각하지 않다면 한두 차례 만남으로 어느 정도 문제를 정리할 수 있다. 하지만 심각한 상황이라면 적어도 네다섯 차례는 만나야 한다. 한번 만날 때는 두세 시간 정도 넉넉하게 시간을 잡아야 다른 일정을 위해 서둘러 대화를 끝내는 것을 막을 수 있다. 갈등 당사자인 두 사람만 만날 것인지 다른 사람을 대동할 것인지도 결정해야 한다. 원칙적으로 두 사람이 대화하는 것이 좋지만 힘들다면 옆에서 심리적 지원을 해줄 수 있는 사람을 동반하는 것도 좋다. 동반하는 사람 수가 같아야 모두에게 공정하게 보일 수 있다. 동반인은 아무 때나 끼어들어 자기주장을 내세우는 사람이 아니라 참관인 역할을 하는 사람이어야 한다. 갈등에 간접적으로 관련된 사람들을 만날 필요가 있다면 따로 시간을 잡는 것이 좋다.

해결 과정을 준비할 때는 제일 먼저 서로 공격을 중단하기로 약속해야 한다. 직접적인 공격은 물론이고 주변 사람들에게 상대를 험담하고 비난하는 것도 중단해야 한다. 공격의 중단은 대화로 문제를 해결할 의지가 있음을 보여주는 것이고, 준비를 위해 최소한의 신뢰를 쌓는 일이다. 상대에게 불만이 있다면 직접 얘기하는 것이 바람직하다. 준비 절차에 대한 이견과 대립 또한 상대와 논의해 해결해야 한다. 해결 과정을 준비하는 중에 어느 한쪽이 상대에 대한 공격, 험담, 불만 등을 부적절한 방식, 그러니까 주변에 하소연을 하는 식으로 표출한다면 준비 절차는 중단될 수밖에 없다. 그런 행동은 신뢰를 깨고 상대의 대화 의지를 꺾는다.

주변 사람들을 어떻게 관리할지가 힘든 일이 될 수도 있다. 가깝다는 이유로, 또는 갈등에 간접적으로 관련됐다는 이유로 두 사람만의 해결 과정에 불만을 표시하거나 자기도 포함해달라고 요청하는 사람이 있을 수도 있기 때문이다. 그런 경우 갈등의 직접 당사자인 두 사람의 대화가 필요하다는 점을 서로 재확인해야 한다. 관련된 주변 사람들을 만날 것인지는 별도로 상의하고

<표 2> 해결 과정을 위한 준비 사항 점검

항목	내용	설명
실행 여부 판단	대화에 대한 찬반 확인 - 강한 반대 - 반대도 찬성도 아님 - 강한 찬성	- 한쪽 또는 양쪽 모두 강한 반대의 경우 실행 재고 - 강한 찬성 또는 찬성도 반대도 아닌 경우 실행 논의
갈등 상황 이해	갈등 수준 판단 - 심각함 - 보통임 - 심각하지 않음	- 양쪽이 심각하거나 보통이라고 할 경우 실행 논의 - 한쪽이 심각하지 않다고 할 경우 실행 재고 또는 설득 고려
원하는 결과	다른 이해의 확인 사실 확인 관계 회복 문제 해결 주변 환경의 변화	원하는 결과를 얻기 위한 실행 방법과 내용 논의
만남 관련 사항	대화 시간 대화 장소 1회 대화 시간 대화 횟수	양쪽이 합의로 결정
공격의 중단	해결 과정 실행의 전제 조건	준비 시작과 함께 합의
주변인 참여	참관, 별도 대화 여부 등 결정	주변인 참관은 합의로 결정 주변인과의 대화는 별도로 논의

결정해야 한다. 주변 사람들의 지지나 영향을 긍정적으로 활용할 수도 있다. 해결 과정을 논의하고 있다는 걸 알리고 공식화하면 주변 사람들을 의식하게 되고, 상대에게 성실히 준비에 임하도록 압력을 가하는 데 활용할 수 있다. 변덕스러운 마음 또는 근거 없는 불신이나 두려움 때문에 해결 과정을 쉽게 포기하는 것을 막을 수 있다.

앞에서 열거한 준비 절차는 아주 짧은 시간에 끝날 수도, 예상보다 긴 시간이 걸릴 수도 있다. 때로는 뒤로 후퇴할 수도 있고, 어느 한쪽이 또는 두 사람 모두가 아예 없던 일로 하고 해결 과정을 포기하는 일이 생길 수도 있다. 하지만 한번 포기했다고 해결 과정을 모색할 가능성이 아예 사라지는 건 아니다. 언제든 다시 시작할 수 있다는 생각으로 서로 마음의 준비가 될 때까지 기다리며 인내하는 자세가 필요하다. 무엇보다 다시 올 기회를 위해 상대에 대한 노골적인 공격과 험담으로 상황을 급속히 악화시키는 일은 하지 않아야 한다.

대화 시작하기와 기본원칙 합의하기

앞에서 설명했듯이 해결 과정은 대화하고 논의하고 협상하고 합의하는 과정을 말한다. 그리고 그 모든 일의 핵심은 대화다. 너무 형식적이고 엄격한 분위기의 대화 자리를 만들 필요는 없다. 그렇다고 지나치게 허술하고 유연하면 효율성이 떨어진다. 적어도 약속한 시간 동안에는 최선을 다해 솔직하고 진지하게 대화를 해야 한다. 예상치 못한 일이 생기면 항상 함께 상의해 결정해야 한다. 마주 앉으면 제일 먼저 최선의 대화를 위한 기본 조건을 만들어야 한다. 대화 자리에서 함께 지켜야 할 것을 담은 기본원칙이 그 역할을 한다.

기본원칙은 형식적이 아니라 실용적이어야 한다. 미리 프린트물을 준비해도 좋겠지만 두 사람이 종이에 직접 쓰고 서명을 해도 된다. 문서로 만들고 서명하는 게 너무 부담스럽다면 구두로 약속을 해도 된다. 어떤 방식이든 중요한 건 두 사람이 동의한 내용으로 만들어야 한다는 점이다. 주어진 시간 동안 대화에 집중하고 성과를 낼 수 있게 하는 내용이 들어가야 한다. 두 사람이 합의하면 어떤 내용이든 들어갈 수 있다. '상대의 말 경청하기', '비난하지 않기', '공격적인 말 사용하지 않기', '욕하지 않기', '휴대전화 끄기' 등 아주 현실적인 것들이 들어갈 수도 있다. '두 사람은 진지하고 성실하게 대화에 임한다' 같은 기본적 태도를 넣을 수도, '예상치 못한 일이 생겼을 때는 함께 상의해서 해결한다' 같은 불확실성에 대비한 내용을 포함할 수도 있다.

기본원칙에 합의하면 본격적으로 대화를 시작할 수 있다. 제일 먼저 할 일은 무엇을 얘기할지 결정하는 것이다. 과정을 준비할 때 논의할 문제를 미리 정할 수도 있다. 두 사람 사이에 생기는 개인적 갈등의 경우 보통은 갈등을 만든 한두 가지 정도의 원인과 해결책에 대한 이견을 다룬다. 그러므로 마주 앉아서 처음 대화를 시작할 때 그날 얘기할 사안과 함께 다음 만남에서 얘기할 사안 정도를 정해도 무리 없이 과정을 진행할 수 있다. 첫 만남에서는 갈등의 원인이나 그로 인한 감정 등 갈등에 대한 전반적인 생각을 나누고 이견을 확인하는 데 초점을 맞추면 된다. 그

〈표 3〉 기본원칙의 예

해결 과정에서 지켜야 할 기본원칙

1. 두 사람은 상대의 말을 경청하고 대화로 문제를 해결하기 위해 최선을 다한다.
2. 상대가 말하는 동안에는 말을 끊거나 끼어들지 않는다.
3. 상대의 경험, 느낌, 생각, 주장을 그대로 인정한다.
4. 상대의 말을 폄하하거나 비난하지 않는다.
5. 폭력적인 언어를 쓰지 않고 공격적인 행동을 하지 않는다.
6. 대화를 하는 동안에는 휴대전화를 사용하지 않는다.
7. 약속 시간을 지킨다.
8. 두 사람이 대화한 내용에 대해서는 비밀을 유지한다.
9. 예상치 못한 일이 생겼을 때는 두 사람이 함께 논의해 해결한다.

20○○년 ○○월 ○○일

박철수 (인 또는 서명)   김영희 (인 또는 서명)

리고 마무리할 때 내용을 정리하면서 다음 만남에서 얘기할 주제를 정한다. 시간을 점검하면서 적어도 10-15분 전에는 마무리할 준비를 해야 한다. 갈등의 원인과 관련된 문제에 대해 견해 차이가 크다면 첫 번째 만남에서는 서로 갈등과 관련된 각자의 이런저런 의견과 주장을 자유롭게 얘기하고 듣는 데 집중하면 좋다. 그리고 다음에 만났을 때 이견을 정리하고 해결책을 찾기 위해 구체적으로 어떤 사안을 다룰지 논의하면 된다.

한 번의 만남에서 목표로 한 내용을 다 다루지 못해도 당황할 필요는 없다. 두 사람만 동의한다면 얼마든지 다시 만나 미진한 내용을 다룰 수 있기 때문이다. 오히려 계획대로 되지 않는 경험을 통해 이해의 차이가 얼마나 큰지, 개선해야 할 점이 무엇인지 등을 알 수 있다.

만나서 얘기한 내용은 정리해야 한다. 만남을 끝내기 10~15분 전에 그날 얘기한 내용을 정리해 함께 확인하는 것이 좋다. 회의록을 남긴다고 생각하면 된다. 노트나 컴퓨터에 비교적 상세하게 써서 나눠 가질 수도 있고, 중요한 내용만 몇 줄로 요약해 나눠 가지거나 사진 촬영을 해서 보관해도 된다. 형식적인 것 같지만 그래야 다음 만남 때 또는 모든 대화를 끝냈을 때 서로 다른 기억 때문에 생기는 불상사를 막을 수 있다. 누구든 자신이 한 얘기를 모두 기억한다고 장담할 수는 없다.

참관인이 필요한지도 결정해야 한다. 참관인이 있으면 불편한 점도 있지만 좋은 점도 있다. 두 사람 모두와 가깝거나 갈등을 잘 알고 있는 참관인이 있으면 대화를 지켜보고 증인 역할을 할 수 있다. 참관인이 기록자의 역할을 할 수도 있다. 물론 참관인은 비밀 유지를 약속해야 한다.

해결 과정의 주목적은 해결책을 찾는 것이 되겠지만, 그와 별개로 관계에 대한 문제도 다루는 것이 바람직하다. 거듭 강조하지만 갈등은 관계가 있는 사람들 사이에서 생긴다. 갈등이 잘 해결되거나 서로 양해하는 수준에서 종결된 후에도 관계는 계속 이어질 가능성이 크다. 해결 방안을 찾는 것에만 몰두하고 관계의 문제는 다루지 않으면 나중에 비슷한 갈등이 반복되고 그로 인해 관계는 갈수록 나빠질 수 있다. 보통은 자연스럽게 관계의 문제, 다시 말해 서로 서운하거나 실망스럽거나 불만족스러운 점 등을 얘기하게 된다. 그렇지 않다면 별도로 관계에 대해 얘기하는 기회를 가지는 게 좋다. 관계의 유지를 위해 또는 이전 관계의 복원을 위해 개선할 점, 예를 들어 서로를 대하는 방식과 태도, 언어의 사용, 주변 사람들과의 뒷말 등에 대해 솔직하게 얘기할 수도 있다. 이때 중요한 건 상대의 생각과 느낌을 인정하고 자신의 단점과 잘못에 대한 지적도 수용하는 것이다. 그리고 두 사람이 얘기한 내용은 다른 사람에게 발설하지 않겠다고 서로 약속하는 게 좋다.

대화와 협상의 기술

갈등을 해결하기 위한 대화는 크게 두 부분으로 나뉜다. 한 부분은 갈등과 서로에 대한 이해와 이견, 갈등과 관련해 겪고 있는 문제와 감정을 공유해 상호 이해를 높이는 것이다. 이런 과정이 있어야 갈등이 공동의 문제임을 재확인하고, 함께 해결 방안을 찾는 데 합의할 수 있다. 다른 한 부분은 가능한 해결 방안을 찾고, 그에 대해 협상을 하고, 최종 해결책에 합의하는 것이다. 그러기 위해서 가장 중요한 건 당사자들이 진지하고 성실한 태도와 행동으로 대화와 협상을 하는 것이다.

진지하고 성실하게 대화와 협상을 하기 위해서는 두 가지를 잘해야 한다. 하나는 자신의 생각, 주장, 감정을 상대에게 잘 이해시키는 것이고, 다른 하나는 상대의 생각, 주장, 감정, 불편함 등을 잘 이해하는 것이다. 그러기 위해 대화와 협상의 몇 가지 원칙을 기억하고 잘 실행하는 게 필요하다.*

첫 번째 원칙은 '상대를 방어적으로 만들지 말라'라는 것이다. 많은 사람이 대화를 하겠다기보다는 이겨야 한다는 생각으로 상대와 마주 앉는다. 시작부터 상대를 제압하기 위해 강하게 얘기하거나 약점을 공격한다. 결국 대화가 아니라 논쟁이나 싸움을 하는 경우가 많다. 누구든지 공격을 받는다고 생각하면 방어적 자세를 취하게 되고, 그것은 다시 방어를 위한 공격으로 이어진다. 대화하기로 했으면 정말 대화를 해야 한다. 상대가 공격을 시도한다면 자신이 마주 앉은 목적은 대화라고 분명히 말해 공격을 중단시키고 대화를 해보자고 해야 한다.

---

* 정주진, 『갈등은 기회다』, 개마고원, 2016, pp. 222-244에 있는 '대화와 협상의 열 가지 원칙' 참고.

두 번째는 '상대의 말을 인정하라'라는 것이다. 인정한다는 건 그 사람의 생각, 주장, 감정 등을 그대로 알아주는 것을 말한다. 설사 동의하지 않더라도 말이다. 상대의 말은 자신의 생각, 주장, 감정과 다를 가능성이 높고 때로는 자신이 알고 있는 사실과 다를 수도 있다. 객관적으로 봐도 진실이 아닌 것을 진실이라고 주장할 수도 있다. 그런데도 상대가 그렇게 말하면 '당신의 생각과 주장은 그렇군요'라고 말해야 한다. 상대의 말을 인정해야 상대에게 자신의 생각, 주장, 감정도 인정하라고 요구할 수 있다. 물론 자신의 생각, 주장, 감정 또한 상대에게는 틀리거나 불편한 것일 수 있다. 사실이나 진실에 대한 것은 대화를 이어가면서 차근차근 풀어야 한다.

세 번째는 '잘 듣고 응답하라'라는 것이다. 대화할 때 가장 기본적인 자세와 기술은 '듣기'다. 잘 듣는다는 건 상대가 하는 말을 집중해서 듣고, 도중에 끼어들거나 끊지 않는 것을 말한다. 상대의 말을 자신의 기준으로 판단하지 않고, 숨겨진 의도가 있는지 의심하지 않고, 트집을 잡기 위해 듣지 않아야 한다. 자신의 생각이나 주장과 어떤 점이 다르고 같은지를 주의 깊게 들어야 한다. 이런 듣기와 함께 중요한 것은 진지하고 성실하게 '응답'하는 것이다. 물론 상대의 얘기를 잘 들어야 제대로 응답할 수 있다. 궁금한 점은 혼자 짐작하지 말고 상대에게 물어서 확인해야 한다. 이해할 수 없거나 이견이 있는 것에 대해서는 자신의 생각을 얘기하고 그에 대한 상대의 생각을 물어야 한다. 상대의 얘기를 듣고 생각과 이해에 변화가 생겼다면 그것 또한 인정하고 말로 표현하는 것이 좋다. 상대의 생각과 주장을 잘 들었고 이해했음을 상대에게 알려야 대화가 이어질 수 있다.

네 번째는 '상대의 소통 방식을 파악하라'라는 것이다. 자주 접촉하는 사람들 사이에서 갈등이 생기는 이유 중 하나는 소통 방식의 차이다. 말할 때의 태도와 행동, 선택하는 언어, 이견에 대응하는 태도 등으로 인해 서로 오해와 감정이 쌓인다. 그리고 특정 문제에 직면했을 때 그런 오해와 감정이 폭발하면서 대립이 생기곤 한다. 그런데 소통 방식은 사람마다 다르다. 물론 보편적인 예의라는 것이 있긴 하다. 그래도 어떤 소통 방식이 그 사람의 특징이라면 그것을 논리적으로 거부하거나 비난할 수는 없다. 또한 자기에게는 익숙한 소통 방식이 상대에게는 불편할 수 있고, 상대의 특정 태도나 말이 사실은 별 의미가 없는 습관인 경우도 있다. 그러므로 대화를 할 때 상대가 어떤 태도, 행동, 말로 소통하는지를 파악하고 그것이 대화 내용과 관련된 것인지, 아니면 그저 그 사람의 습관인지를 파악하면 대화와 협상을 하는 데 도움이 된다. 자신에게 불편한 소통 방식도 그것이 상대의 특징이라면 인정할 수밖에 없다. 물론 폭력적 태도, 행동, 언어에 대해서는 문제를 제기하고 수용할 수 없음을 분명히 해야 한다.

대화와 협상을 할 때는 이익과 관계 둘 다를 고려하는 태도가 필요하다. 갈등에 직면하면 관계의 문제 때문에 고민한다. 하지만 아이러니하게도 막상 갈등을 해결하려 할 때는 자신이 지킬 이익에 골몰하는 경우가 더 많다. 그런데 관계가 더 악화하는 걸 막고 갈등 후에도 최소한의 관계를 유지할 방법을 함께 고민해야 이익을 위한 대화와 협상도 잘할 수 있다. 이익에만 집중하면 상대에 대한 비난과 공격에 초점을 맞추고 존중과 배려를 포기할 수 있기 때문이다. 대화의 가능성을 포기하지 않는 태도 또한 중요하다. 대화와 협상을 잘해도 합의가 이뤄지지 않을 수 있다. 그렇더라도 언제 다른 기회가 생길지 모르니 '너하고는 끝이다'라는 말은 생각하지도 내뱉지도 않는 게 현명하다. 합의하지 못했더라도 함께 열심히 노력했음을 둘 다 인정하면 언제든 다시 마주 앉을 기회가 생길 수 있다.

협상 원칙의 적용

협상 이론을 참고하는 것도 도움이 된다. 협상은 많은 사람이 일상에서 경험하는 일이다. 업무와 관련해 빈번하게 협상을 하는 사람들도 많다. 협상에는 크게 두 가지가 있다. 하나는 분배적(distributive) 협상이고 다른 하나는 이익기반(interest-based) 협상이다.* 분배적 협상은 주어진 전체를 두 사람이 어떻게 나눌 것이냐를 두고 하는 협상이다. 전체의 규모가 정해져 있기 때문에 조금이라도 더 가지려면 모든 방법을 동원해 치열하게 협상해야 한다. 그 과정에서 상대에 대한 비난, 공격, 음해, 기만전술 등이 쓰이기도 한다. 이긴 쪽에만 절대적으로 유리한 제로섬(zero-sum) 결과를 낳곤 한다. 분배적 협상은 큰 이익이 걸린 사업이나 이혼 시 재산 분할 같은 일에서 흔히 볼 수 있다. 그런데 이런 공격적인 협상은 갈등을 해결하는 데 전혀 도움이 되지 않는다. 오히려 갈등을 악화시키고 관계를 영원히 단절시킨다. 자기를 패배시킨, 그리고 자기 이익을 빼앗아 간 사람과 계속 관계를 이어가고 싶은 사람은 없다.

이익기반 협상은 주어진 전체를 적절하게 나누기 위해 함께 노력하고 윈-윈(win-win), 즉 함께 이기는 결과를 내는 협상을 말한다. 분배적 협상과 다르게, 나누어 가질 이익이 한정적이지 않다. 머리를 맞대고 성실하게 논의하고 협상해 생각하지 못했던 이익과 제3의 대안을 발견할 수 있고, 그 결과 나눌 수 있는 이익이 커지기 때문이다. 예를 들어 이혼 시에는 재산 분할만이 아니라, 공동양육과 이혼 후 부모의 역할 같은 더 중요한 문제도 다루어야 한다. 그런데 재산 분할에만 몰두하면서 싸우게 되면 공동양육에 대한 합의는 완전히 실패해 모두가 지는 결과를 낳을

---

* 정주진, 『갈등은 기회다』, 개마고원, 2016, pp. 192-202 설명 참고.

수 있다. 부모의 역할 또한 위기에 빠지게 된다. 그러므로 양육과 부모의 역할까지 이익에 포함해 협상해야 한다. 동료와의 업무 분배는 단순한 업무 나누기가 아니라 향후 필요할 때 얼마나 상대의 협력을 기대할 수 있느냐와도 관련되어 있다. 그러므로 향후에 생길 이익도 고려하고 협상 내용에 넣어야 한다. 그러면 나누어 가질 이익은 커지고 협상 자세는 달라질 수 있다. 수단과 방법을 가리지 않고 힘을 동원하는 게 아니라 협력을 모색하고 적극적으로 소통하며 상대의 말과 요구에 귀를 기울일 수밖에 없다. 갈등을 잘 해결하기 위해서지만 결국 자기 이익을 얻기 위해서다.

협상 이론은 성공적인 이익기반 협상을 위한 네 가지 기본원칙을 주장한다. 첫 번째 원칙은 사람과 문제를 분리하는 것이고, 두 번째는 입장이 아닌 이익에 초점을 맞추는 것이다. 세 번째는 상호 이익이 되는 대안을 개발하는 것이고, 네 번째는 객관적 기준을 주장하는 것이다.*

먼저 첫 번째로, 사람과 문제를 분리하는 건 상대에 대한 감정적 반감과 부정적 인식 때문에 협상을 그르치지 않기 위한 원칙이다. 상대에 대한 적개심, 분노, 비난 등에 초점을 맞추지 말고 함께 문제에 직면했음을 인식하고 해결에 도움이 되도록 이성적

---

* 로저 피셔, 윌리엄 유리, 브루스 패튼, 『Yes를 이끌어내는 협상법』, 박영환 옮김, 장락, 2002.

으로 협상에 임해야 한다는 것이다. 자기 안에 있는 상대에 대한 부정적 감정과 미움 등을 그대로 표출하고 인신공격을 하면 협상을 그르치게 된다. 그러니 해결해야 할 문제에 집중하라는 얘기다.

두 번째 원칙인 이익에 초점을 맞추는 건 협상 이론과 원칙의 핵심이다. 겉으로 그리고 공식적으로 얘기하는 입장이 아니라 그를 통해 얻으려는 진짜 이익에 초점을 맞춰야 협상에 성공할 수 있다는 것이다. 입장은 대립적이고, 그래서 입장만 보면 절대 협상의 가능성이 보이지 않는다. 하지만 누구든 입장을 주장하는 이유는 이익을 얻기 위해서다. 그러니 핵심은 이익이고 그것에 초점을 맞춰야 한다는 얘기다. 너무 당연한 얘기 같지만 실제로는 갈등에 직면한 사람들이 자주 잊는 점이다. '서로 입장이 다르기 때문에 협상이 안 될 거다'라는 말은 '협상해도 내 이익을 얻을 수 있을지 알 수 없다'라는 말과 같다. 결국 이익을 다룬다면 협상할 여지는 생길 수 있다는 얘기다. 겉으로 드러낸 입장이 아니라 왜 그런 입장을 가지고 있는지에 대해 얘기하자고 하면 협상의 길이 열린다. 실제로 협상은 솔직하게 그런 얘기를 하는 자리다.

세 번째인 상호 이익이 되는 대안의 개발은 협상의 가치와 정신을 얘기하는 것이다. 협상을 하는 이유는 윈-윈 결과를 얻기 위해서다. 그런 결과는 그냥 얻어지지 않고 서로 협력해야 얻을 수 있다. 머리를 맞대고 여러 대안을 상세하게 따져봐야 한다. 이때 기억해야 할 말이 바로 '상호 이익'이다. 어느 한쪽이라도 상호 이익이 아니라 자기 이익만을 주장하면 협상은 성공할 수 없다.

네 번째인 객관적 기준의 주장은 비상식적인 주장을 하거나 무리한 요구를 하지 않아야 한다는 얘기다. 누가 들어도 합리적이라고 생각할 주장과 요구를 해야 한다. 갈등을 끝내고 싶어 하는 상대의 간절함을 이용해 자기의 기존 업무까지 떠넘기려고 해서는 안 되고, 지나친 물질적 보상이나 배상을 요구해서도 안 된다. 자신의 우월한 힘을 악용해 자기 이익만 최대한으로 충족하는 해결 방법을 제시하거나 상대에게 굴복을 요구해서도 안 된다. 모든 것은 시장 가격, 전문적 기준, 효율성, 사회적 규범 등에 맞아야 한다. 그러니 함께 각 대안의 장단점을 탐색하면서 공동의 기준을 마련해야 한다는 얘기다.

처음부터 협상 원칙을 적용하기는 힘들다. 갈등에 대한 이해와 이견을 공유하고 각자 원하는 이익과 필요를 상세히 파악하는 것이 먼저다. 그런 후 여러 대안을 내놓고 가능성 있는 것을 고르기 위해 앞에서 얘기한 원칙을 적용한 협상을 하는 것이 가장 효율적이다. 한쪽이 더 힘이 있고 주도권을 가지고 있다면 대화를 통해 비슷한 힘의 관계부터 먼저 만들어야 한다. 그런 후에야 제대로 협상을 할 수 있다. 아무리 협상 원칙을 적용하더라도 협상이 악용될 수 있는 여지는 있다. 조금이라도 힘이 많은 쪽이 다른 쪽을 압박하고 압력을 가하는 시도를 할 수 있다. 그렇게 해서 협상이 '성공적으로' 끝날 수도 있다. 하지만 그건 윈-윈 협상이 아닐 뿐만 아니라 갈등을 해결하지 못한다. 나중에 다른 갈등이 생길 가능성도 크다.

해결책 선택과 합의

해결 과정에서 가장 중요한 건 해결책을 찾고 합의하는 것이다. 그것이 해결 과정의 목표이기도 하다. 하지만 해결책을 찾는 건 쉽지 않고 '산 넘어 산'의 상황이 되는 경우가 흔하다. 가장 근본적인 문제는 서로 원하는 게 다르다는 거다. 바로 그 이유로 갈등이 생겼으니 당연하다. 하지만 대화를 성실히 하면 원하는 것이 달라도 서로의 생각과 주장을 조금씩 이해할 수 있다. 또한 서로 상대가 왜 특정 해결책을 선호하는지, 또는 왜 반드시 그 해결책이어야 한다고 주장하는지 알 수 있다. 이것은 결국 서로의 이익과 필요를 상세히 확인하는 것인데, 해결책을 찾기 위해서는 이 과정이 필요하다. 서로 다른 이익과 필요를 확인한 후에는 각자 자기가 고집하던 생각과 주장을 상대와 조율해야 한다. 다음 몇 가지를 기억하면 도움이 된다.

내가 생각한 해결책은 절대 최종 해결책이 될 수 없다. 자신에게는 최선인 해결책이 상대에게는 최악의 해결책이 될 수 있고, 자신이 차선이라고 생각한 것도 상대에게는 차악이 될 수 있기 때문이다.

상호 이익이 되는 해결책을 위해 상대의 이익을 고려해야 한다. 해결을 위해서는 함께 수용할 수 있는 해결책을 찾아야 하고, 그것의 기본조건은 모두에게 이익이 되어야 한다는 것이다. 그러므로 자기 이익만이 아니라 반드시 상대의 이익도 고려해야 한다.

제3의 해결책을 찾아야 한다. 대화를 통해 찾는 해결책은 결국 자신이나 상대가 애초에 원했던 것이 아닐 것이다. 그렇다고 애초에 원했던 것과 완전히 다른 것도 아닐 것이다. 만일 그렇다면 모두의 이익을 충족시키지 못할 것이기 때문이다. 결국 자신과 상대가 원하던 것을 수정한 제3의 해결책을 찾아야 한다.

상호 이익이 되는 해결책을 찾기 위해서는 먼저 가능성 있는 대안을 찾아야 한다. 각자 원하는 것, 그것을 원하는 이유, 삶을 위해 절대 포기할 수 없는 것 등을 서로 이해하고 대안에 그것들을 반영해야 한다. 새롭고 창의적인 대안을 개발하기 위해 각자 또는 함께 브레인스토밍(brainstorming)을 해봐야 한다. 대안 개발과 선택을 위해 다음과 같은 기본적인 절차를 따를 수 있다.

- 해결해야 할 문제를 확인한다. 한 가지 또는 여러 가지가 될 수도 있는데, 각 문제에 대한 대안을 찾을 것인지, 여러 문제를 한꺼번에 해결할 통합적 대안을 찾을 것인지 결정해야 한다.
- 각각의 문제에 대한 대안 또는 통합적 대안을 각자 생각한 후 함께 앉은 자리에서 공유한다. 이 자리에서 공동의 대안으로 채택할 것과 제외할 것을 결정한다. 한쪽만 이익이나 혜택을 누리고 다른 쪽은 전혀 그렇지 않은 대안은 제일 먼저 제외 대상이 된다. 그 외의 것은 논의와 협상을 통해 제외 여부를 결정해야 한다.
- 선택된 각 대안의 장단점을 확인한다. 바람직한 대안이지만 실행 가능성은 어떤지, 실행 가능성은 있지만 포기할 것이 많은지 등을 따져봐야 한다. 각자의 이익에 어떻게 얼마나 부합하는가도 따져봐야 한다.
- 대안 중 최종 해결책으로 가능성이 있는 것 두세 개를 선택하거나 각 대안의 장점을 결합해 새로운 대안을 만든다. 이렇게 선택된 대안은 여전히 가능성을 가진 것일 뿐, 최종 해결책은 아니라는 점을 기억해야 한다.
- 선택된 대안을 실행할 때 직면할 도전이나 실행을 방해하는 장애물이 있는지, 도전을 극복하고 장애물을 제거할 방법이 있는지 등을 다시 확인한다.
- 최종 대안 중에서 무엇을 최종 해결책으로 선택할지 협상한다.
- 최종 해결책에 합의한다.

최종 해결책이라 해도 최고의 선택은 아닐 가능성이 크다. 아무리 윈-윈 해결책을 찾아도 그것은 모두에게 이익이 된다는 뜻이지 각자가 원한 최고의 해결책이라는 뜻은 아니다. 애초에 각자가 원했던 건 상대의 이익과 필요를 배제한 것이었기 때문이다. 또 다른 이유는 합의한 해결책이 당장의 문제를 해결할 수는 있지만 장기적인 문제나 갈등을 만든 근본 원인까지 해결할 수는 없을 가능성이 있기 때문이다. 특히 당사자들이 속한 집단의 구조적인 문제와 문화적인 문제까지 다루는 해결책을 만드는 건 현실적으로 한계가 있다. 그건 별도의 노력을 통해 집단의 다른 구성원들과 함께 다루는 게 바람직하다. 두 사람의 협상에서는 그런 문제를 중장기적 과제로 놓고 개선을 위해 함께 노력하기로 합의할 수 있다. 그것조차 벅차다고 생각하면 둘 사이의 문제를 해결하는 선에서 끝낼 수 있다. 어떤 것이 됐든 두 사람의 선택이다.

합의 실행과 후속 조치

해결책을 만들고 합의를 하면 실행에 옮기는 과제가 남는다. 당사자들은 보통 합의를 위해 오랜 시간 노력하고 다른 일을 포기하면서까지 상당한 에너지를 쏟는다. 그런데 합의를 하고 나면 실행에는 상대적으로 관심을 덜 쏟곤 한다. 일단 갈등은 종결됐다고 생각해 긴장이 풀리기 때문이다. 하지만 어려운 해결 과정을 거친 이유는 두말할 필요 없이 해결책을 만들기 위해서였고 그것은 실행될 때만 의미가 있다. 고의로든 부주의로든 합의가 실행되지 않으면 신뢰는 깨지고 또 다른 갈등이 생기는 건 시간문제다. 또 대부분 한 번의 해결 과정으로 갈등의 근본 원인까지 완전히 제거되지는 않는다. 그런 상태에서 당사자들은 갈등이 종결됐어도 언제든 외부의 영향을 받을 가능성이 있다. 사실 살얼음 위를 걷는 것처럼 조심스러운 상황이다. 두 사람의 관계는 변했어도 주변 사람과 환경이 그대로면 거기서 받는 영향을 무시할 수 없다. 외부에서 오는 이런저런 불확실성을 극복하는 방법은 두 사람이 합의를 성실하게 실행에 옮기는 것이다.

구두로 했든 문서로 했든 합의는 중요하다. 갈등을 겪은 두 사람이 한 약속이기 때문이다. 배우자, 동료, 친구, 가족 같은 가까운 사람이 이의를 제기하고 노골적으로 불만을 표시하더라도 합의는 지켜야 한다. 특정 부분에 대한 주변의 참견과 저항이 예상된다면 그것까지 고려해 합의하고 그 내용을 합의에 포함할지 결정해야 한다. 이런 점까지 고려한다면 합의는 되도록 문서로 만들어 서명하는 게 바람직하다. 합의서에는 어떤 방법으로 합의를 실행할지 되도록 상세하게 써넣는 게 좋다. 향후 업무나 집안 행사를 공동으로 하기로 했다면 자세한 절차와 협력 방식은 물론, 예외적인 상황에 대한 대응 방법까지 써넣는 것이 좋다. 관계의 개선을 위해 상호 비난을 하지 않고 적극적으로 소통하기로 했다면 문제가 생겼을 때 이전과는 다르게 어떤 식으로 대응하고 대화할 것인지 적어두는 게 좋다. 너무 두루뭉술하게 큰 틀에서만 언급해놓으면 합의는 그냥 허울 좋은 선언이 돼버릴 수 있다.

합의를 실행하기 위한 가장 효과적인 접근은 합의가 잘 지켜지고 있는지 정기적으로 점검하는 것이다. 두 사람이 직접 할 수도 있고 신뢰할 수 있는 다른 사람에게 부탁할 수도 있다. 점검하는 목적은 합의를 잘 지키기 위해서지 누군가를 감시하거나 비난하기 위해서가 아니다. 잘 지켜지고 있다면 또는 그렇지 않다면 이유가 무엇인지 파악하는 것이다. 각자의 성실함이나 의지 또는 주변의 지지와 협조로 잘 지켜지고 있는지, 반대로 지켜지고 있지 않은지 파악해야 한다. 주변 사람의 개입, 새로운 문제의 등장, 외부 환경의 변화 등이 거기에 영향을 줬는지 확인해야 한다.

정기적 점검을 하는 이유는 크게 세 가지다. 첫째는 두말할 필요 없이 합의가 잘 지켜지고 있는지, 그리고 개선할 점은 없는지 알기 위해서다. 앞서 말한 것처럼 목적은 감시나 비난이 아니라 모니터링을 위해서다. 둘째는 재협상과 재합의의 필요가 있는지 알기 위해서다. 합의한 것을 실행하다 보면 현실적인 도전이나 문제에 직면할 수 있다. 그것 때문에 합의를 지키기 힘들 수도 있다. 그런 경우엔 지켜지지 않는 합의를 유지하는 것보다 재협상을 통해 새로운 합의를 만드는 것이 낫다. 셋째는 중장기적인 면에서 개선할 점이 있는지 알기 위해서다. 어떤 갈등은 주변 사람이나 집단이 변하지 않는 한 절대 근본적으로 해결되지 않는다. 가족, 회사, 집단 등의 구조나 문화가 변해야 하는 경우도 있다. 합의를 실행하다 보면 그런 점이 어떻게 개인의 갈등 대응과 합의 실행에 긍정적, 부정적 영향을 미치는지 알 수 있다. 점검을 통해 그런 점을 확인하고, 어떻게 다룰 것인지 고민하고, 실제 다룰 방법을 모색할 기회를 만들 수 있다.

합의 실행과 관련된 가장 중요한 문제는 관계 회복이다. 합의에 관계와 관련된 내용이 들어가 있다면 합의 실행을 통해 관계는 조금씩 예전으로 회복될 수 있다. 나아가 더 나은 관계가 될 수도 있다. 하지만 합의가 물질적 이익이나 갈등을 만든 문제의 종결에 맞춰져 있다면 합의가 이뤄져도 관계가 회복될 가능성은 크지 않다. 그러니 관계를 회복하기 위한 별도의 고려와 노력이 필요하다. 물론 그런 노력을 할 것인지는 함께 결정해야 한다. 각자 노력하는 것으로 암묵적 합의를 할 수도 있지만 말이다.

관계는 갈등과 떼어놓을 수 없다. 갈등이 생기면 항상 관계가 어긋나고 냉랭해진다. 사람들이 갈등을 불편해하고 해결하려고 하는 중요한 이유 중 하나도 관계의 어긋남과 어색함을 벗어나기 위해서다. 그런데 애초 갈등이 생긴 이유가 관계 때문인 경우도 있다. 불공정하고 불평등한 관계를 더는 참을 수 없어서 문제를 제기하고 갈등을 감수하는 것이다. 그런 경우 갈등을 해결해야 하는 가장 중요한 목표 중 하나는 이전보다 나은 관계를 만드는 게 된다. 갈등을 겪으면서 그 목표를 잊곤 하지만 말이다. 그러므로 갈등을 해결하기 위해 합의를 했다면 이전보다 나은 관계가 되어야 하고, 적어도 갈등 이전의 관계로는 복귀해야 한다. 그런데 그런 일은 잘 일어나지 않는다. 합의를 했어도 관계는 여전히 서먹하고 회복되지 않는다. 정말 갈등의 모든 영향에서 벗어나 일상으로 복귀하려면 관계를 회복하는 데 그치지 않고, 한층 더 나아가 예전의 문제를 극복한 더 나은 관계를 만들어야 한다. 물론 더 나은 관계를 만들기 위해 노력할 것인지는 당사자들에게 달려 있다. 다만 아무 노력도 하지 않는데 관계가 자연스럽게 회복되고 나아지는 경우는 거의 없다.

상대와 마주 앉기 위해 자기 분석을 해야 한다면

해결 과정을 진행하는 건 쉽지 않다. 크게 두 가지 면에서 그렇다. 하나는 관계가 어긋나고 감정이 좋지 않은 사람과 마주 앉아 대화와 협상을 해야 하기 때문이다. 가까운 사람일수록 상처가 커서 마주 앉는 것조차 쉽지 않다. 다른 하나는 자기 자신과 거리를 두고 계속 자신의 내면을 들여다보면서 분석해야 하기 때문이다. 더구나 자기모순이나 보이고 싶지 않은 모습까지 확인하고 인정해야 하기 때문이다. 익숙하지 않은 사람에게는 쉽지 않을 뿐만 아니라 무척 어색한 일이다. 그래도 제대로 대화를 하려면 필요한 일이니 스스로 극복하는 수밖에 없다. 불편한 상대와 마주 앉고 자신을 분석하기 위해 먼저 다음 질문들을 던져보는 게 도움이 될 수 있다.

☐ 내가 생각하고 묘사하는 갈등은 전체 스토리를 담고 있나?
☐ 갈등 스토리 중에서 내가 의도적으로 언급하길 꺼리거나 무의식적으로 외면하는 부분이 있나?
☐ 갈등 발생과 관련해 나에게 그리고 상대에게 각각 몇 퍼센트

의 책임이 있다고 생각하나?

☐ 내 갈등에 대해 모든 것을 알고 있나? 내가 아는 것, 모르는 것은 무엇인가?

☐ 내가 갈등을 통해 얻으려는 이익은 무엇인가? 그것은 내 삶의 필요와 어떻게 연결되는가?

☐ 내가 얻으려는 이익은 상대가 얻으려는 이익과 왜 충돌하는가?

☐ 상대와 합의가 어려울 때 내가 제시할 수 있는 차선은 무엇인가?

☐ 상대는 나에게 어떤 존재인가? 부정적 시각과 감정, 긍정적 시각과 감정은 무엇인가?

☐ 대화와 합의가 어려울 것으로 생각한다면 어떤 이유 때문인가?

☐ 상대는 나와 대화하기를 원할 것 같은가? 그렇다면 또는 아니라면 어떤 이유 때문이라고 생각하는가?

☐ 내가 상대와 대화하기를 주저하고 있다면 이유는 무엇인가? 미움, 두려움, 거부, 경멸, 어색함, 용기 없음 등 어느 것과 관련이 있나?

☐ 상대와 대화하지 않고 갈등을 해결할 다른 적절한 방법이 있

나? 다른 사람의 도움을 받을 가능성이 있나? 아니면 끝까지 상대를 피할 수 있나?

☐ 상대와 마주 앉아 대화할 수 있는 최소한의 조건은 무엇인가?

☐ 상대는 왜 갈등을 해결하길 원한다고 생각하는가? 상대의 이유가 나의 이유와 비슷한가, 또는 다른가?

갈등은 꼭 해결해야 할까?

갈등을 해결하여

7장

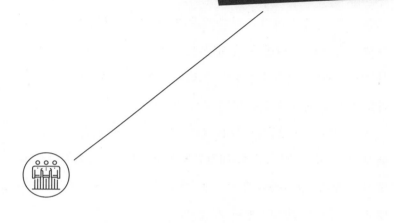

해결을 재고해야 할 때도 있을까?

갈등을 해결하는 데는 여러 가지 방법이 있다. 그런데 '갈등해결'의 방식을 따른다는 건 당사자들이 직접 대화로 갈등을 해결하는 것을 말한다. 물론 '진행자(facilitator)'나 '조정자(mediator)' 같은 제3자의 도움을 받을 수도 있다. 하지만 그 경우에도 핵심은 당사자들이 직접 대화와 협상을 하고 합의에 도달하는 것이다. '갈등해결'은 학문적 연구와 현장 실행 분야에서 쓰이는 전문용어다. 거기에는 갈등을 겪는 당사자들이 자신의 문제를 함께 논의하고 합의해 해결한다는 의미가 포함돼 있다.

당사자 해결 방식을 선택하는 가장 큰 이유는 자신의 갈등을 스스로 해결해야 가장 만족도가 크기 때문이다. 어떤 갈등은 변호사 같은 대리인을 쓰거나 법정에서 처리할 수도 있다. 하지만 그런 경우 한쪽은 이기고 다른 쪽은 지는 결과가 생긴다. 그러면 문제는 종결돼도 갈등은 유지된다. 그리고 관계는 회복 불가능한 상태가 되는 경우가 흔하다. 그러니 법에 기댈 수 있는 갈등이라도 스스로 해결할 수 있다면 가장 바람직할 것이다.

그렇다면 모든 갈등을 당사자들이 스스로 대화와 합의를 통해 해결할 수 있을까? 스스로 해결하는 것이 항상 바람직할까? 그렇지는 않다. 당사자들이 스스로 해결하는 방식을 선택하려면 몇 가지 전제가 있어야 한다. 첫 번째는 당사자 모두가 대화를 통해 함께 해결책을 찾고 합의하는 데 자발적으로 동의해야 한다. 누구도 다른 사람을 억지로 대화 자리에 앉힐 수는 없고, 그래서도 안 된다. 두 번째는 당사자 모두가 스스로 자기 생각을 말하고 입장과 이익을 주장할 수 있어야 한다. 제3자가 도움을 준다 해도 스스로 자기 얘기와 주장을 할 수 없으면 대화와 협상이 제대로 될 수 없다. 적극적인 한쪽이 논의를 주도하면서 소극적인 상대가 합의하도록 유도하거나 설득하는 건 안 된다는 얘기다. 세 번째는 당사자들이 갈등의 원인이 됐거나 계속 다툼을 만드는 문제를 옳고 그름이 아니라 견해의 차이로 접근하고 주장과 이익의 충돌을 조율할 수 있어야 한다. 옳고 그름의 기준으로 판단해 상대를 상종할 수 없는 나쁜 사람으로 대하거나 상대의 주장을 악으로 취급하는 일도 없어야 한다.

정말 '옳고 그름'의 기준이 적용돼야 하는 경우도 있다. 여기서 '옳고 그름'이란 객관적 판단을 말한다. 그런 경우엔 설사 당사자들이 원하더라도 대화와 합의를 하는 게 적절하지 않을 수 있다. 상대적으로 강한 쪽이 그 방식을 악용하거나 상대적으로 약한 쪽이 상대에 대한 두려움 때문에 어쩔 수 없이 응할 수 있기 때문이다. 옳고 그름의 기준이 적용돼야 하는 문제라면 당사자 해결 방식이 아니라 정의의 구현이 필요하다.

그렇다면 정의의 구현이 필요하고, 그래서 당사자들이 대화로 해결하기에 적절하지 않은 일에는 어떤 것들이 있을까? 가정 폭력은 그런 일 중 하나다. 가정 폭력을 부부 사이의 일반적인 갈등으로 취급하고 대화로 풀려고 시도하는 건 적절하지 않다. 주변에서도 그런 조언은 삼가야 한다. 가해자가 대화로 해결하길 원한다고 말하는 건 기만이고 폭력을 숨기려는 의도일 가능성이 크다. 피해자가 대화를 원한다고 말해도 그것은 상황을 오판하고 있거나 가해자의 압력에 의한 것일 수 있다. 설사 대화를 시도한다고 해도 제대로 되지 않을 가능성이 크다. 가해자와 피해자 사이에 여전히 힘의 불균형이 심하기 때문이다. 무엇보다 가해자의 잘못을 따지지 않고 '갈등'이란 말로 중립화하는 건 잘못된 접근이다.

직장 내 괴롭힘을 대화로 해결하려 하는 것 또한 부적절하다.

직장 내 괴롭힘은 명백한 폭력이고 가해와 피해의 문제다. 직장 안에서 어쩌다 한 번 안 좋은 일을 당했다고 그것을 '괴롭힘'으로 정의하는 사람은 없다. 직장이라는 공간은 누구에게나 생계를 유지하고 자기 존재감을 확인하기 위해 필요한 곳이다. 그래서 누구나 잘 적응하고 생존하기 위해 최선을 다한다. 그러므로 누군가 '괴롭힘'이 있다고 말한다면 그 자체가 상황의 심각성을 보여주는 것이며, 반복적이고 고의적이고 악의적인 괴롭힘이 계속돼 외면할 수 없는 수준임을 의미하는 것이다. 그런 일은 반드시 폭력으로 규정하고 직장 내에서 공식적으로 처리해야 한다. 또한 법적 처리도 모색해야 한다. 가해자와 피해자가 대화로 해결할 수 있다고 주장하거나 그렇게 하도록 압력을 가하는 건 또 다른 폭력이 된다. 자신이 당사자라면 그런 시도에 섣불리 응하지 않아야 한다. 힘의 차이와 피해자의 정신적 불안감, 그리고 주변의 압력으로 대화가 되지 않을 가능성이 크기 때문이다.

성폭력은 개인이 당할 수 있는 가장 끔찍한 폭력 중 하나다. 그런데도 피해가 밖으로 알려지기까지는, 그리고 피해자가 드러나기까지는 보통 상당한 시간이 걸린다. 심각하고 민감한 일이어서 피해자는 물론 주변 사람들까지 많은 고민을 하고 조심스럽게 접근한다. 가족, 회사, 종교집단 같은 곳에서 성폭력이 발생하면 피해자보다 주변 사람들이 더 나서는 경우가 흔하다. 특히 집단이 겪을 충격과 '피해'를 우려해 피해자에게 '소란스럽지 않게'

잘 해결할 것을 주문하곤 한다. 가해자의 '실수'를 강조하고 피해자에게 대화를 통해 적절한 선에서 합의하고 사건을 확대하지 말 것을 요구하기도 한다. 하지만 성폭력에 대화와 합의를 적용하는 건 매우 부적절하고 위험하다. 성폭력에 대한 우선적 대응은 가해와 피해를 상세하게 확인하는 것이다. 그런데 대화와 합의의 언급과 시도는 문제의 심각성을 인정하지 않는 것이고 피해자에 대한 또 다른 폭력이 된다.

위와 같은 일에는 당사자들이 대화하고 합의해 문제를 해결하는 갈등해결 접근을 시도하지 않아야 한다. 갈등의 가장 큰 특징 중 하나는 당사자들 사이에 상호작용이 일어나는 것이다. 어느 한쪽이 일방적으로 다른 쪽에게 피해를 주고 자신을 보호하고 이익을 주장하는 행동이나 말을 막는 상황에서는 갈등이 생길 수 없다. 그런 상황은 갈등이 아니라 폭력이다. 그러므로 폭력이 있었음을 확인하고 정의의 실현에 초점을 맞추는 접근이 필요하다.

다만 가해자가 자신의 잘못을 인정하고 피해자의 모든 요구를 듣겠다고 하면 대화를 시도할 수 있다. 그러나 이 경우에도 아주 민감하고 조심스럽게 진행되어야 한다. 도움을 주는 제3자가 있는 것이 바람직하며, 피해자가 자신을 지지해줄 사람을 동반하는 것도 필요하다. 폭력은 가해자와 피해자 사이의 심한 힘의 불균형으로 생기기 때문에 그런 상황에서 두 사람만의 대화는 불가능하다고 봐야 한다. 피해자가 정신적으로 여전히 불안하고 가해자를 두려워하는 상태라면 더욱 그렇다. 그런 상황에서는 피해자와 가해자 사이의 직접적 접촉을 주선하는 일조차 삼가야 한다.

대화와 합의를 통한 갈등해결은 폭력을 감추고 문제를 왜곡하고 무마하는 시도로 악용되어선 안 된다. 당사자든 주변 사람이든 대화가 옳은 해결 방식이라는 도덕적 강박감 때문에 폭력적인 사건에까지 무조건 대화를 언급하는 건 삼가야 한다. 엄중한 시각과 방식으로 먼저 정의를 실현해야 한다. 그런 후에 피해자가 원한다면 관계 회복을 위한 대화가 이뤄질 수 있다.

재발 방지는 어떻게 해야 하나?

대화와 합의를 통해 갈등을 해결하는 방식의 가장 큰 미덕은 경험을 통해 배울 수 있다는 점이다. 스스로 하든 제3자의 도움을 받든 한번 갈등에 잘 대응하고 해결하는 경험을 하면 다음에는 갈등에 더 유연하고 창의적으로 대응할 수 있다. 또한 피하기만 하지 않고 적극적으로 해결을 시도할 수 있다. 무엇보다 대립하는 상대와의 대화에 두려움을 덜 갖게 된다. 잘 대응하고 해결하는 개인의 역량을 키우게 되는 것이다. 경험을 통해 역량을 키우는 건 장기적인 면에서 아주 중요하다. 불신의 관계와 집단의 구조와 문화가 갈등의 근본 원인이라면 한 번의 갈등해결로 모든 근본 원인이 사라지거나 변하지 않는다. 비슷한 갈등이 다시 생길 수 있다. 그런데 역량을 키우면 예전과는 다른 방식으로 대응하고 해결을 모색할 수 있다.

갈등과 관련해 무엇보다도 중요한 건 같은 갈등이 비슷한 수준의 충돌을 일으키며 재발하지 않게 하는 것이다. 갈등이 생겨도 이전보다는 낮은 수준의 충돌을 일으키고, 더 이른 시점에 해결될 수 있게 해야 한다. 고질적인 문제를 개선하고 관계, 구조, 문화를 바꾸려다 보면 불가피하게 비슷한 갈등에 직면할 수 있다. 하지만 상호 비난, 음해, 물리적 폭력 등 파괴적 전개는 없게 해야 한다. 갈등을 건설적으로 전개하고 상호 이해, 대화, 공동 논의 등이 가능하게 만들어야 한다. 그러기 위해서는 갈등이 없을 때 또는 잠재적 대립만 있을 때 대비하고 점검해서 고쳐야 한다.

제일 먼저 점검할 건 자신의 소통 방식과 행동이다. 누구나 다른 누군가에게 부정적 감정을 가질 수 있다. 하지만 그것을 말이나 몸짓을 통해 밖으로 드러내는 건 현명하지 않다. 상대의 적개심과 저항감을 자극하기 때문이다. 상대에 대한 부정적 감정은 소통 방식에도 영향을 미친다. 일부러 상대의 말에 관심을 보이지 않고, 상대를 자극하는 말을 골라 하고, 항상 상대의 약점을 찾고 말꼬리를 잡으려 한다. 이런 소통 방식은 상대를 자극하고 갈등을 폭발시킨다. 일부러 파괴적인 갈등을 만들어 자신의 삶을 힘들게 할 생각이 아니라면 그런 소통 방식은 바꿔야 한다. 상대에 대해 안 좋은 감정이 있다면 어떤 점과 관련해서인지 스스로 분석하고 합리적인 답을 찾아야 한다. 상대의 개인적인 특성이라면 싫어도 인정해야 하고, 자신에 대한 상대의 험담, 비난, 폭언 등을 알았다면 정식으로 문제를 제기하는 게 바람직하다. 문제를 제기하는 방식도 다투고 앙갚음을 하는 식이 아니라 자신이 그런 말에 어떻게 상처를 받았는지, 왜 문제를 제기하는지, 원하는 건 무엇인지 등을 조목조목 얘기하는 게 좋다. 상대가 수용할 수도 안 할 수도 있지만 자기 생각과 주장을 명확하게 전달하는 것이 가장 중요하다. 그런 방식을 유지해, 자신이 소통 방식을 바꾸었음을 상대가 알게 해야 한다.

가깝거나 함께 업무를 해야 하는 사이인데 소통 방식의 차이, 서로를 불편하게 하는 말이나 행동으로 사소한 언쟁이나 오해가 자주 생긴다면, 그래서 갈등이 생길 수 있는 상황이 반복된다면 근본적 변화를 모색해야 한다. 각자의 소통 방식이 아니라 공동의 소통 방식을 바꾸는 노력이 필요하다. 우선 둘 다 각자의 소통 방식에 개선할 점이 있다는 것에 동의해야 한다. 그런 후 불필요한 언쟁, 오해, 감정적 충돌 등을 야기할 수 있는 점에 대해 구체적으로 의견을 교환해야 한다. 각자 '자신을 불편하게 만드는' 상대의 말과 행동을 얘기하고 서로 상대의 '주관적인' 판단을 인정해야 한다. 상대의 불편함을 해소하고 공동의 소통 방식을 개선하기 위해 상대의 의견을 수용하고 어떻게 노력할 것인지를 논의하고 합의해야 한다. 비슷한 일로 문제가 생길 때 어떤 방식과 절차를 통해 서로 문제를 제기하고, 의견을 듣고, 논의할 것인지도 결정하는 게 좋다. 그래야 근본적인 변화가 가능하고 불필요한 감정적 앙금으로 인해 갈등이 생기는 것을 막을 수 있다.

비슷한 갈등이 반복되는 가장 큰 이유 중 하나는 당사자들을 둘러싸고 있는 환경이다. 집단의 구조와 문화, 주변 사람들의 간섭과 압력, 당사자에 대한 존중 부족 등이 갈등을 겪는 당사자들의 노력과 의지를 제한하고 무력화한다. 갈등을 원만하게 해결했더라도 환경이 변하지 않으면 당사자들은 다시 갈등에 휘말릴 수밖에 없다. 비슷한 갈등이 재발하는 걸 근본적으로 막고 어떤 갈등이든 생기지 않게 하려면 불가피하게 주변 환경에 관심을 가져야 한다. 어려워도 인내하며 점진적인 변화를 모색해야 한다.

집단의 구조와 문화를 바꾸는 건 몹시 어려운 일이다. 그렇지만 전혀 바뀌지 않는 구조와 문화는 없다. 결국 점진적으로 변하게 되어 있다. 그렇다면 바람직한 방향으로 변하게 만들 방법을 찾아야 한다. 구조와 문화가 갈등에 어떤 영향을 미치는지 확인하고 바꿔야 할 구체적인 내용을 찾아야 한다. 대가족 구조가 문제라면 어떤 점이 어떻게 반복적으로 영향을 미치는지 파악하는 게 먼저다. 그리고 한 가지라도 개인의 권리, 자유, 선택을 존중

하는 방향으로 바꿀 방법을 찾아야 한다. 개인 사이에 지나친 경쟁이나 감정적 충돌을 조장하고 가십으로 소비하는 회사 문화가 문제라면 구성원들의 다양한 의견과 특성을 존중하는 조직 문화로 바꿔야 한다. 그러기 위해 전 구성원을 대상으로 한 토론, 세미나, 워크숍 등을 통해 의견을 수집해보는 것도 좋다. 개인 사이에 대립과 충돌의 조짐이 보일 때 갈등으로 발전되지 않도록 조직 차원에서 소통을 독려하고 실질적 도움을 제공하는 체계를 만들 수도 있다. 불만을 청취하고 적절한 지원을 할 수 있는 담당자를 정하거나 부서를 만들 수도 있다. 대가족이든 회사든 다양한 목소리를 듣고 수렴하는 열린 구조와 문화에 대해 얘기하고 그런 구조와 문화를 만드는 데 합의하는 것도 필요하다. 특히 집단 안에서 목소리를 잘 내지 못하거나 소외당하는 사람이 있는지 살펴야 한다. 그들에게 자기 의견을 자유롭게 말할 기회를 주는 세심한 접근이 있어야 갈등이 생기거나 반복되는 걸 막을 수 있다.

같은 문제로 비슷한 갈등이 재발하는 걸 막으려면 사소한 일이 감정적 대립으로 이어지지 않도록 세심하고 민감하게 살피고 조심하는 노력이 필요하다. 갈등이 재발한다면 부정적 감정의 축적으로 이전보다 파괴적으로 전개될 가능성이 크기 때문이다. 그러면 개인의 관계는 물론 집단에도 치명적인 영향을 미칠 수 있다.

중간자 역할을 해야 한다면?

가족, 동료, 지인 사이의 갈등을 알게 되고 자의 반 타의 반으로 갈등에 관련되는 경우가 종종 있다. 가장 난감한 상황은 양쪽 모두와 가깝거나 그럭저럭 원만한 관계를 유지하고 있는 경우다. 그런 상황에서는 양쪽 모두로부터 자기를 지지해달라는 무언의 요청이나 압력을 받는다. 업무상 또는 직위상 어떤 식으로든 갈등에 관여해야 하는 상황이 생기기도 한다. 동료들 또는 부하 직원들 사이에 갈등이 생겼을 때다. 이 또한 난감한 상황이다. 갈등이 매일 업무와 조직 분위기에 영향을 미치기 때문에 외면하고 싶어도 그럴 수 없다. 그렇다고 선불리 개입할 수도 없다.

주변에서 갈등이 생겼을 때 가장 중요한 건 '편을 드는' 일을 하지 않는 것이다. 보통은 어느 한쪽의 편을 들고 자기 입장을 선명하게 드러내야 한다는 심리적 압박을 느낀다. 하지만 편을 들어야 할 의무도, 입장을 정해야 할 필요도 없다. 그냥 관찰자로 있거나 정 필요하다면 양쪽 모두의 얘기를 들어주는 역할 정도를 하는 게 현명하다. 물론 어느 한쪽의 주장에 적극적으로 공감한다면 편을 들어줄 수도, 공식적으로 지지를 표할 수도 있다. 하지만 그렇지 않다면 편을 들어야 한다는 압박에서 벗어나야 한다. 편을 드는 건 갈등 당사자들에게도, 갈등을 잘 해결하는 데도 전혀 도움이 되지 않는다. 오히려 그런 행동이 당사자들 사이의 대립을 강화하고 갈등을 악화시킬 수 있다. 주변으로까지 갈등이 번지게 만들 수도 있다. 주변 사람들의 가장 중요한 역할은 당사자들의 어려움을 인정하고 도움을 줄 일이 없는지 묻는 것이다. 또한 어느 편도 들어줄 수는 없지만 두 사람이 문제를 해결하려 한다면 적극적으로 도와줄 의사가 있음을 알리는 것이다.

두 사람이 갈등을 해결할 수 있도록 적극적으로 돕는 역할을 할 수도 있다. 전문가가 아니어도 된다. 갈등에 관여하고 해결을 돕는 역할을 하는 사람을 통틀어 '중간자(intermediary)'라고 한다. 중간자가 하는 역할은 다양하다. 당사자들 사이의 오해가 해소될 수 있도록 사실관계를 확인하는 역할을 할 수도 있고, 당사자들과 주변 사람들을 만나 갈등이 생긴 원인을 전체적으로 파악하는 일을 할 수도 있다. 당사자들 사이의 소통 채널을 유지하거나 복원하기 위해 메신저 역할을 할 수도 있고, 당사자들을 지지하기 위해 대화를 참관할 수도 있다. 당사자들이 대화와 협상을 할 수 있도록 자리를 만드는 적극적 역할을 할 수도 있다. 직접 대화를 하는 데 부담을 느끼는 당사자들을 위해 대화 과정을 진행할 수도 있고, 당사자들이 해결 방안을 찾고 합의에 이를 수 있도록 돕는 '조정자(mediator)' 역할을 할 수도 있다.

어떤 역할이 됐든 중간자에게 가장 필요한 태도와 행동은 '듣기'와 '침묵하기'다. 앞의 장에서 언급한 것처럼 듣는 것은 갈등을 악화시키지 않고 잘 해결할 수 있도록 도움을 주는 핵심 요소

중 하나다. 상황 파악을 하든, 사람들을 만나 인터뷰를 하든, 당사자들 사이의 대화를 진행하고 조정하는 역할을 하든 어느 경우에나 필요하다. 물론 잘 질문하기를 동반해야 듣기를 잘할 수 있다. 열심히 신중하게 듣는 자세는 모두에게 신뢰를 준다. 무엇보다 당사자들이 스스로 갈등과 관련된 것들을 정리하고 성찰할 수 있게 도와준다. 침묵하기는 듣기만큼 중요하다. 중간자로 도움을 주기로 했다면 자기 생각이나 주장은 접어두어야 한다. 자기 신념이나 가치관을 거스르는 말이나 행동을 접해도 자신의 주장을 내세우거나 방어하지 말아야 한다. 중간자의 역할은 갈등 당사자들에게 도움을 주는 것이지 자기 신념이나 가치관을 옹호하거나 표명하는 게 아니다.

자기 경험이나 지식을 동원해 당사자들에게 충고하거나 해결책을 제시하는 건 금물이다. 스스로 그럴 가능성이 있다고 생각되면 중간자로 나서지 말아야 한다. 당사자들은 스스로 갈등을 해결해야 하고 스스로 해결할 때 가장 좋은 해결책을 찾을 수 있다. 또한 중간자는 당사자들의 필요와 계획에 따라 움직여야 한다. 좋은 생각이 있더라도 함부로 제안하지 말아야 한다. 필요하다면 조심스럽게 제안한 후 당사자들이 스스로 결정하게 놔둬야 한다. 중간자가 당사자들에게 영향력을 행사하거나 과정을 주도하면 당사자들은 스스로 해결책을 찾을 수 없다. 설사 찾는다 해도 스스로 책임감을 느끼지 못해 실행을 외면하거나 게을리할 가능성이 크다.

　중간자에게 가장 민감하고 어려운 일은 중립적이고 독립적인 입장과 태도를 유지하는 것이다. 중립적이라는 건 어느 편도 들지 않고 중간에서 양쪽을 아우른다는 의미다. 하지만 이것은 '기계적' 중립성을 의미하지 않는다. 예를 들어 상황을 살피다 보니 A가 부당하다고 느낄 만한 일이 있어서 그쪽과 관련된 일을 더 알아본다든지, A와 친밀한 사람을 더 만난다든지 하는 건 중립성을 어기는 게 아니다. 또는 조리 있게 잘 설명하지 못하는 B에게 A보다 설명할 시간을 더 주는 것도 중립성을 어기는 게 아니다. 중립성을 유지한다는 건 어느 편도 들지 않지만 각 당사자의 상황을 최대한 고려하고 존중하는 것을 말한다.

　독립성을 지킨다는 건 누구의 영향도 받지 않고 중간자 역할에 충실한 것을 말한다. A 또는 B와 가까운 사람들이 압력을 넣거나 편향적인 주장을 하더라도 독립적으로 판단해 제 역할을 하는 것이다. 직위가 더 높은 사람이 대충 빨리 갈등을 봉합하라고 하거나, 집단 내 구성원들이 집단의 이익을 더 고려하도록 당사자들을 설득하라고 하더라도 독립적으로 당사자들의 이익을 판단해 결정하는 것이다. 당사자들과 논의해 결정하는 원칙을 지키는 것이다. 중간자는 경우에 따라서 상대적 약자를 위해 주변 사람들의 공격을 막고 해명할 자리를 만드는 등 적극적인 역할을 해야 할 때가 있다. 갈등을 해결하기 위해서는 양쪽이 비슷한 힘을 가지고 마주 앉아야 하는데 그런 상황을 만들려면 약자의 힘을 키워야 하기 때문이다. 이런 일은 자칫 오해를 살 수 있다. 하지만 중간자 역할에 충실해 독립적으로 판단해야 한다. 중립성과 독립성을 실현하는 구체적인 방식은 상황에 따라 다양할 수밖에 없다. 어떤 방식이 됐든 중간자의 가장 중요한 역할은 당사자들이 공정하고 투명한 절차를 통해 문제를 해결할 수 있게 돕는 것이다.

해결하지 않는 선택을 할 수도 있을까?

누구나 가능하면 갈등을 잘 해결하고 싶을 것이다. 하지만 감정적 앙금으로 상대를 보는 게 쉽지 않아서, 또는 싸우지 않고 대화를 하는 게 불가능하다고 생각해서 해결을 외면한다. 고민한 끝에 어떤 사람은 아예 해결 시도조차 하지 않고, 어떤 사람은 도중에 그만둔다. 최종 합의 직전에 자리를 박차고 나가기도 한다. 그래서 갈등을 꼭 해결해야 하나? 해결하지 않고 살 수도 있지 않을까? 이런 질문을 하는 사람들이 있다.

갈등을 해결하지 않는 것도 선택이다. 그런 선택 때문에 다른 사람의 눈치를 보거나 비난을 받을 이유는 없다. 해결하지 않는 게 최선은 아니지만 차선으로 괜찮아 보이는 경우는 크게 두 가지다. 하나는 갈등 상대를 더는 보지 않아도 되거나, 원하면 일 년에 한두 번만 보면 되는 경우다. 회사를 그만두거나 해서 왕래를 중단해도 되는 사이가 그렇다. 그런 경우 대부분이 힘들게 갈등을 해결하려고 하지 않거나 해결 노력을 중단한다. 충분히 이해할 수 있고 설득력 있는 선택이다. 다른 하나는 자주 보거나 함께 일해야 하는 사이지만 둘만의 직접적 접촉을 최대한 피할 수 있고 사무적인 관계만 남길 수 있는 경우다. 공적 업무와 사적 관계를 완전히 분리하고 얼굴을 보고도 외면하는 게 정말 가능한지는 의문이다. 하지만 그렇게 할 수 있다면 나쁘지 않은 선택이다. 해결되지 않은 갈등이 미치는 영향에 계속 노출되고 그런 상황에서 평정심을 유지할 수 있느냐가 관건이긴 하지만 말이다.

대화와 합의를 통한 해결을 포기하는 게 최선일 경우도 있다. 여러 번 대화를 제안하고 주변 사람들까지 설득해도 상대가 전혀 대화에 관심이 없을 때다. 오히려 대립을 강화하는 것을 최선으로 생각한다면 대화는 가능하지 않다. 그러니 포기할 수밖에 없다. 객관적으로 봤을 때 분명히 잘못했는데 상대가 그에 대해 전혀 인지하지도 인정하지도 않는 경우에도 대화가 힘들다. 언제든 상대의 생각이 바뀔 수 있으므로 대화의 여지가 아예 없는 건 아니다. 하지만 자기 잘못을 강하게 부인하고 다른 사람만 계속 비난한다면 대화가 힘들다. 그런 경우 어느 정도 기다리다가 포기하는 게 나을 수 있다. 상대가 모든 수단을 동원해 주변을 설득하고 힘을 키워 이익을 취하려 한다면 역시 대화가 힘들 수 있다. 힘으로 이길 수 있다고 생각해서 대화를 원치 않을 가능성이 크기 때문이다. 그러니 포기할 수밖에 없는 상황이 된다. 이와 같은 상황들에서는 자신의 정신적 안정과 삶의 질을 위해 포기가 최선이 될 수 있다.

다만 한 가지 유념할 것은 누구든 처음엔 대화를 거부하고, 강하게 자기주장을 내세우고, 잘못을 인정하지 않고, 다른 사람을 비난하는 데 초점을 맞춘다는 것이다. 또한 자기 힘을 키워 이기는 방법이 최선이라고 생각한다. 이 모두가 갈등에 처한 사람들이 일반적으로 보이는 태도와 행동이다. 그러니 갈등을 만든 사건이나 문제의 성격이 어떤지, 갈등 상대의 비난과 거부가 어느 수준인지, 갈등이 얼마나 계속됐는지 등을 따져보고 포기 여부를 결정해야 한다. 아무런 노력도 하지 않고 포기하는 것보다는 노력한 다음에 포기하는 것이 나은 선택이다.

대화로 해결하기 위해 뭔가를 할 것인지, 아니면 아예 아무것도 하지 않을 것인지, 또는 도중에 포기할 것인지를 판단하는 기준을 세워놓으면 선택에 도움이 될 수 있다. 그래서 우선은 최선을 다해 대화로 해결한다는 원칙을 세우는 게 좋다. 그것이 갈등을 해결하는 가장 바람직하고 현실적인 방식이기 때문이다. 그리고 상대에게 대화 의사를 전하고, 최선을 다해 설득하고, 상대에 대한 비난이나 험담을 중단하는 등 진정성을 보여줘야 한다.

그런 노력을 했음에도 포기를 고려해야 하는 경우가 있을 수 있다. 첫 번째 경우는 자신 또는 상대가 법적 판단을 받는 것을 최선의 방법으로 생각하는 경우다. 그래도 대화를 할 수는 있지만, 어느 한쪽이 또는 양쪽이 법에 호소하는 것에 무게를 두고 있다면 도중에라도 대화가 중단될 가능성이 크다. 그러므로 상황을 신중하게 고려해 포기 여부를 결정해야 한다. 두 번째는 상대가 성실히 대화에 임하지 않거나 시간만 끌려 하고, 대화 내용을 주변 사람들에게 발설하면서 자신에 대한 비난과 험담을 하고 다니는 경우다. 그런 상황에서는 대화를 계속하는 의미가 없고 계속하기도 힘들다. 그러니 일단 대화를 쉬고 포기 여부를 생각해 보는 것이 좋다. 세 번째는 스스로 대화에 신뢰가 가지 않는 경우다. 상대와 한두 번 마주 앉은 후에도 진정성을 가지고 임할 수 없고 여전히 상대에 대한 분노, 불신, 미움 등이 있어서 비뚤어진 말만 하게 된다면 적어도 대화를 이어가기는 힘든 상황이다. 그러니 일단 중단하고 계속할지를 고민해봐야 한다. 마지막으로 네 번째는 대화와 논의를 통해 찾은 해결 방안에 대해 둘 모두가 또는 둘 중 하나가 전혀 만족하지 못하는 경우다. 이것은 처음부터 대화와 논의가 잘못되었다는 증거다. 양쪽 모두가 성실히 임하지 않았거나, 한쪽의 힘이 상대적으로 커서 자기에게 유리한 방향으로 논의를 밀어붙였을 가능성이 있다. 이런 경우엔 모두가 만족할 최종 해결책이 나오기 힘들기 때문에 중단하는 게 나은 선택이 될 수 있다.

해결하지 않는 선택을 하거나 도중에 포기하더라도 두 사람의 마음 또는 주변의 상황이 변하면 언제든지 대화의 기회가 생길 수 있다. 사람의 마음이 변하고 주변의 상황이 예상치 못하게 달라지는 건 그렇게 드문 일이 아니다. 그러니 그에 대한 가능성은 열어두어야 한다. 어쨌든 갈등은 대화와 합의로 해결하는 게 가장 바람직하며, 불필요한 재발도 막을 수 있기 때문이다.

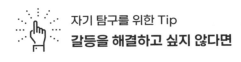

자기 탐구를 위한 Tip
갈등을 해결하고 싶지 않다면

갈등은 일상에서 자주 겪는 일이지만 갈등을 잘 해결하는 사람은 많지 않다. 갈등을 겪는 사람들이 가장 흔하게 하는 대응은 '회피'다. 자신이 누군가와 갈등을 겪고 있다는 사실, 다른 사람이 자신을 공격하고 있다는 사실, 갈등으로 자신의 일상이 편안하지 않다는 사실 등을 인정하고 싶지 않기 때문이다. 그런 이유로 갈등을 해결하기 위해 뭔가 해야 한다는 생각까지 외면한다. 하지만 그 뒤에는 여러 가지 복잡한 생각이 숨어 있다. 갈등에 직면했는데 자신이 자꾸 회피만 하려고 할 때는 원인이 무엇인지 스스로 성찰하고 자기 분석을 해보는 게 좋다. 과감히 갈등을 마주하고 해결을 위해 노력할 것인지, 계속 회피만 할 것인지 결정하는 데 도움이 된다.

회피하려는 데는 여러 가지 이유가 있을 수 있다. 상대로부터 받은 감정적 상처가 커서 그와 관련된 어떤 얘기도 하고 싶지 않아서, 상대에 대한 미움과 감정적 거부가 커서 마주 앉거나 함께 문제를 푼다는 것 자체를 생각도 할 수 없어서, 또는 말이 통하지 않는 상대와 뭔가를 한다는 게 너무 두려워서 같은 이유가 있을 수 있다. 원인을 파악했다면 그것을 스스로 극복할 방안이 있는지, 갈등을 해결하지 않고 그런 감정에서 벗어날 수 있는지, 그런 감정을 가지고 계속 살 수 있는지 등을 고민해봐야 한다. 절대 벗어날 수 없다면 용기를 내보는 것도 생각해봐야 한다.

해결하지 않는 쪽을 선택했더라도 그것이 장기적으로 가능한지 다시 한번 생각하고 최종 결정을 하는 게 좋다. 계속 상대를 제대로 보지 않고 살 수 있는지, 주변의 간섭과 압력을 견뎌낼 수 있는지, 상대와의 문제를 해결하지 않고 주변 사람들과의 관계를 이어갈 수 있는지 등을 고민해봐야 한다.

회피하고 싶지만 장기적으로 불가능할 때는 현실적인 대응 방법을 고민해봐야 한다. 스스로 할 수 없다면 자신과 상대 사이에서 도움을 줄 수 있는 사람이 있는지 찾아보거나, 상대에게 솔직하게 자신의 고민을 전달하는 방법도 생각해볼 만하다. 긍정적이든 부정적이든 상대의 반응이 오히려 최종 결정을 하는 데 도움이 될 수 있다.